KB266869

협력의
역설

협력의
역설

옮긴이
박덕수

국회의원 이부영, 박계동, 이해식의 보좌관으로 일하며
수많은 갈등을 겪고, 협력한 경험이 있다.
강동구도시관리공단 이사장으로 지역생활 인프라를 관리했다.
《영어로 배우는 논리》를 썼고, 옮긴 책으로는 《펄 벅의 이야기 성경》이 있다.

협력의 역설

세상을 바꾸는 분열의 힘

애덤 카헤인 지음
박덕수 옮김

Collaborating with the Enemy

Second Edition

메디치

애덤 카헤인에 관한 찬사

우리가 스스로 만들어 낸 문제들을 해결하기 위해 함께 노력할 방법을 제시하는, 즉 우리 시대의 핵심 과제를 다루는 혁신적인 책이다.
— 넬슨 만델라(남아프리카공화국 전 대통령, 노벨 평화상 수상자)

평화와 진보, 정의는 우리가 동의하지 않고, 좋아하지 않으며, 신뢰하지 않는 사람들과 함께 일하는 방법을 찾아낼 때만 가능하다. 이것이 바로 이 책이 중요한 이유다.
— 후안 마누엘 산토스(콜롬비아 전 대통령, 노벨 평화상 수상자)

카헤인은 오랜 시간 동안 세계의 가장 난해한 문제들을 해결하는 데 헌신하였고, 그 과정 속 성공과 실패 모두로부터 얻은 교훈을 겸허하게 공유한다. 《협력의 역설》은 다양한 타인과 협력하는 법에 대한 실질적인 지침을 제공하며, 그 지침은 우리가 직면한 복잡한 과제들에 맞서기 위한 전제 조건이 된다.
— 모리스 로젠버그(피에르 엘리엇 트뤼도 재단 이사장, 캐나다 외무부 전 차관)

서로 갈등하며 미래에 대한 공동의 비전을 세울 수 없는 상황에서 어떻게 함께 앞으로 나갈 수 있을까? 그는 이 과정에서 자신의 방식을 포함한 기존의 관행을 뒤엎고, 우리의 어려운 현재 상황에 더 적합한 새로운 협력 방식을 제안한다.
— 얀 케이스 비스(유니레버 지속 가능 개발 부문 글로벌 디렉터)

우리 사회는 빈곤, 불의, 지속 불가능성, 부패와 같이 기존 방식으로는 해결 불가능한 어려운 문제들에 직면해 있다. 이해관계 충돌과 미래에 대한 불확실성은 우리로 아무런 행동도 하지 못하게 만든다. 애덤 카헤인은 그 누구보다도 공동의 진보와 이익을 창조할 수 있게 해주는 도구들을 발전시키고 성공적으로 활용해 왔다.

— 피터 슈워츠(세일즈포스닷컴 수석 부사장, 《미래를 읽는 기술》 저자)

《협력의 역설》에서 애덤 카헤인은 의견이 다른 사람들도 거대한 과제를 해결하기 위해 함께할 수 있음을 보여 준다. 기업, 정부, 지역사회, 개인 생활 어디에서든 우리는 이 현명하고 시의적절한 책으로부터 도움을 받을 수 있다.

— 마크 터섹(환경단체 네이처컨서번시 회장, 골드만삭스 전 매니징 디렉터)

애덤 카헤인은 자신이 참여했던 수많은 과정에서의 경험을 바탕으로 탄탄하고 명확한 방법론을 제안한다. 처한 상황에 맞서 그것을 변화시키는 것을 넘어 우리 자신을 변혁함으로써 상황을 바꾸어 나가도록 한다.

— 루이스 라울 곤살레스 페레스(멕시코 국가인권위원회 위원장)

카헤인은 그의 기념비적 저서인 《포용의 리더십》의 핵심 메시지를 더 낯선 영역으로 가져간다. 바로 다루기 힘들고 고질적인 문제들을 해결하기 위해 타인과 협력해야 하는, 무질서하고 도전적이지만 필수적인 과업의 영역이다. 그는 협력을 재정의하며, 개인의 주체성과 집단행동 간의 상호작용에 대한 우리의 추측들을 시험한다. 이론서이자 회고록이며 동시에 실용 지침서인 《협력의 역설》은 더 나은 세상을 만들기 위해 모든 현장에서 분투하는 사람들을 위한 필독서다.

— 로스 맥밀런(타이드 캐나다 재단 회장)

갈등과 대립이 새로운 일상이 된 오늘날, 《협력의 역설》은 다르게 생각하고 바라보는 것이 어떻게 이 도전적인 상황을 헤쳐 나가는 데 도움이 되는지 보여 준다. 카헤인은 정통적인 방식에서 벗어나 복잡한 세상에서 효과적인 행동으로 나아가는 길을 제시한다.

— 제임스 기미언(잡지 《마인드풀Mindful》 발행인, 《전쟁의 기술The Art of War》, 《승리의 법칙The Rules of Victory》 공동 저자)

우리 분야에서 커다란 난제는 근본적으로 세계관이 다른 집단 사이의 갈등을 어떻게 다루느냐 하는 점이다. 애덤 카헤인은 이 중대한 과제를 해결하기 위한 탄탄한 이론과 명쾌한 실천 방안을 제공한다.
— 오페르 잘즈버그(국제위기그룹 중동 선임 분석가)

얼마나 많은 사람이 '불가능한' 문제를 해결하고 '건널 수 없는' 간극을 메울 수 있도록 도와주는 방법을 꿈꿔 왔는가? 애덤 카헤인이 해냈다. 이 책을 읽고, 경청하고, 흡수하고, 당신의 것으로 만들어라.
— 피터 골드마크(록펠러 재단 전 회장)

위험한 상황에서 벗어나려면 우리는 기꺼이 함께하고 싶지 않은 이들과 협력하는 법을 배워야 한다. 애덤 카헤인은 남아프리카공화국, 북아일랜드, 콜롬비아와 같은 곳에서 철천지원수들이 평화를 일궈 내도록 도왔던 경험을 바탕으로, 적들과 협력하는 것이 유일하거나 최선인 상황에서 활용할 수 있는 통찰과 교훈을 들려준다. 《협력의 역설》은 《손자병법》, 《군주론》과 나란히 놓여야 할 책이다.
— 스티븐 허다트(J. W. 맥코넬 가족 재단 이사장)

《협력의 역설》은 참여하지 않는 중재자라는 신화에 대해 비판하고, 적과 함께 일하는 기술을 무엇인지 설명한다.
— 고르카 에스피아우(영 재단 부디렉터, 바스크 정부 주지사 전 평화 고문)

마하트마 간디는 '변화를 원한다면 당신이 직접 그 변화가 되어라'라고 말했다. 그의 삶은 그보다 더 깊은 진실, 즉 세상을 바꾸고 싶다면 자신부터 바꿔야 할 필요가 있다는 사실을 보여 주는 과정이었다. 세상을 바꾸려는 세계 각국의 사람들을 도와준 애덤 카헤인의 이야기는, 간디가 남긴 깊은 통찰을 그가 스스로 깨달아가는 과정에 대한 기록이다. 정직하고 아름답다.
— 아룬 마이라(인도 국가계획위원회 전 위원, 보스턴컨설팅그룹 인도 전 회장)

인류의 발전과 변화는 지속 가능한 개발부터 평화와 안보 유지에 이르기까지, 기존과는 다른 대응 방식을 요구하는 '초복잡한' 문제들을 세상에 남겼다.《협력의 역설》은 이러한 문제들을 해결하기 위해 애덤 카헤인의 폭넓은 고위급 활동 경험을 엿볼 수 있는 특권을 줄 뿐만 아니라, 그의 성공과 실패에 대한 정직하고 용기 있는 성찰, 그리고 이를 통해 정립된 협력에 대한 중요한 새로운 접근법을 제시한다.
— 쿤토로 망쿠스브로토(인도네시아 대통령실 집행위원회 전 책임자)

결정의 질은 그 과정의 질에 의해 크게 좌우된다. 하지만 (대부분 국가가 그러하듯) 우리나라의 정치 과정은 사실상 우리가 서로를 '적으로 만들도록' 부추기고 있다. 기후변화든, 경제적 분열과 사회적 해체든, 현 시대의 중대한 난제를 해결하고자 한다면, 적이라 여기는 사람과 협력하는 방법을 배워야 한다. 애덤 카헤인은 그 방법을 알려 준다.
— 제임스 쇼(뉴질랜드 국회의원, 녹색당 공동대표)

《협력의 역설》은 이 혼란스러운 시대를 비추는 등대와도 같은 책이다. 공동체 생활을 위험에 빠뜨리는 분열을 이겨 내도록 도와주는 심오한 지침과 희망의 원천이 여기 있다.
— 루퍼스 블랙(멜버른대학교 오몬드 칼리지 학장)

결국 나의 스승이 된 적들에게

선택이 아닌 필수, 분열을 넘어 협력하는 법

후안 마누엘 산토스

콜롬비아 전 대통령,
노벨 평화상 수상자, '디 엘더스' 의장

평생 공직 생활을 해 오면서, 특히 콜롬비아에서 50여 년 넘게 계속된 무장 갈등을 끝내는 길고도 험난한 과정을 겪으며 나는 혹독한 진실 하나를 깨달았다. 평화도, 진보도, 정의도 결국은 우리가 동의하지 않고, 좋아하지 않거나, 신뢰할 수 없는 사람들과 함께할 방법을 찾을 때만 가능하다는 사실이다. 배우려는 사람이 거의 없고, 실천하려는 사람은 더욱 드문 교훈이다. 그래서 이 책이 중요하다. 애덤 카헤인은 수십 년 동안 극심한 난제들을 해결하는 방향을 찾는 일에 힘을 보태 왔다. 그의 해법은 사람들의 직관과는 정반대처럼 보이는데, 바로 '적'

과 협력하는 것이다. 그는 조화나 합의에 기대지 않는다. 오히려 복잡성, 불확실성, 심지어 의견 충돌까지도 의미 있는 변화의 본질적 요소로 받아들인다. 우리가 알고 있는 전통적 방식은 아니다. 그러나 더 깊이 있고, 과감하며, 궁극적으로 더 효율적인 해법이다.

카헤인은 이 책에서 현장에서 검증된 방법론을 제시한다. 바로 '스트레치stretch 협력'이다. 서로에 대한 이해, 그리고 공동의 목표와 이익이 애초부터 필요치 않은, 근본적 차이를 뛰어넘어 함께 일할 수 있는 방법이다. 이 책은 양극화가 심화되고 있는 이 세상에서 진보의 가능성을 포기하지 않는 사람들을 위한 안내서다. 정치 지도자나 기업 경영자, 시민사회 활동가 심지어 지역에서 무언가를 바꾸고자 하는 평범한 시민에 이르기까지, 이 책을 통해 단지 통찰뿐만 아니라 실질적인 지혜와 희망을 찾게 될 것이다.

넬슨 만델라가 평화와 정의, 인권을 위해 만든 단체 '디 엘더스The Elders'의 의장으로서, 나는 이 책의 원리들이 기후 위기나 팬데믹 대응부터, 분쟁 해결과 핵 군축에 이르기까지 우리가 직면하고 있는 가장 긴급한 현안들에서 어떻게 적용되는지를 지켜봤다. 카헤인은 이 모든 노력의 과정에서 분열을 뛰어넘는 협력은 선택이 아니라 필수라는 사실을 일깨워 준다. 앞으로 나아가기 위해 합의가 꼭 필요한 것은 아니다. 다만 필요한 것은 함께 노력해 보겠다는 의지다.

성숙한 숙론을 위해 필요한 협력의 기술

최재천

이화여대 에코크리에이티브협동과정 석좌교수,
생명다양성재단 이사장

만일 요즘 리더들의 어록을 가지고 빅데이터 분석을 해보면 어떤 키워드가 가장 빈번하게 나올까? 최고로 빈번한 키워드를 맞출 자신은 없지만 그 목록의 상위권에 '소통'과 '협력'이 들어갈 것쯤은 쉽게 짐작할 수 있다. 하지만 역설적으로 나는 소통과 협력이 원활하게 잘되는 조직을 본 적이 없다. 오랜 고민 끝에 그 이유를 찾았다. 원래 소통과 협력은 안되는 게 지극히 정상이기 때문이다. 소통과 협력에는 어떤 형태로든 자기희생이 수반된다. 스스로 자기 생명의 주인이라고 생각하는 독립적 생명체로서 희생은 애당초 쉽지 않은 일이다. 오죽하면 평생을 해로하기로 약속한 부부 사이에도 완벽한 소통과 협력이 불가능할까. 하물며 '생각도 다르고 호감도, 신뢰도 없는' 사람과 함께 일하라니….

세상에는 두 종류의 동물이 있다. 혼자 사는 동물과

모여 사는 동물. 개미와 꿀벌, 박쥐와 얼룩말, 침팬지와 인간은 모두 모여 산다. 이런 사회성 동물 중 인간만 유일하게 이룩한 진화의 단계가 있다. 침팬지 열댓 마리가 쾌적한 카페에 둘러앉아 커피나 차를 마시고 있는데 전혀 모르는 침팬지 한 마리가 뚜벅뚜벅 걸어 들어와 카운터에서 카페라테를 주문하는 장면을 상상해 보라. 그 열댓 마리의 침팬지들이 순식간에 덤벼들어 그 낯선 침팬지를 갈기갈기 찢어 놓을 것이다. 그런데 우리는 수백 명이 웅성거리는 서울역 대합실에 겁 없이 들어선다. 이 세상 모든 사회적 동물 중에서 이 단계를 넘어선 동물은 호모사피엔스밖에 없다. 우리는 거대한 익명 사회를 구축하고 문명을 일으켰다. 우리는 늘 '생각도 다르고 호감도, 신뢰도 없는' 사람과 일해 왔다. 늘 힘들어하면서.

1990년 2월 넬슨 만델라가 27년간의 복역을 마치고 석방되자 남아프리카공화국(남아공) 사회는 일촉즉발의 위기를 맞았다. 흑백 갈등은 물론, 진보 단체와 극우 보수 진영, 기업과 노동자, 빈민과 중산층 간의 갈등이 첨예하게 드러나는 위기 상황에서 1991년 9월 케이프타운 몽플뢰르 회의장에 남아공의 현재와 미래 세력을 대표할 차세대 지도자 22인이 모였다. 웨스턴케이프

대학 피터 르 루pieter le Roux 교수를 중심으로 당시 남아공 사회의 인종과 세력 집단을 망라하는 다양한 사람이 자발적으로, 혹은 누군가의 추천을 받아 콘퍼런스에 참여했다. 비록 공식적인 모임은 아니었지만 이들은 현재 권력을 쥐고 있는 세력과 앞으로 권력을 잡게 될 세력을 대표하는 인물들이었다. 콘퍼런스 참가자들이 채택한 방식은 1970년대 '석유 위기'에 대처하기 위해 고안한 '시나리오 사고scenario thinking' 방법론이었다. 이를 위해 퍼실리테이터facilitator(진행중재자)로 초대된 사람이 바로 이 책의 저자 애덤 카헤인이다. 그는 오랫동안 다국적 에너지기업 셸Shell에서 복합적이며 다면적인 갈등을 조정하는 업무를 담당해 온 소통과 협력 전문가다. 나는 몽플뢰르 프로젝트 성공의 절반은 카헤인 영입에 달려 있었다고 생각한다. 그는 이후에도 세계 여러 갈등 지역에 초대되어 탁월한 역량을 발휘한다. 이 책은 그가 인종 갈등이 심하거나 격한 내전이 벌어지는 지역처럼 치열한 갈등 현장에서 얻은 주옥같은 혜안들을 담고 있다.

돌아가신 노무현 대통령의 최우선 국정 목표는 지역 구도 타파였다. 그러기 위해 그는 줄기차게 '대화와 타협'을 부르짖었다. 그런데 뜻밖에도 카헤인은 이 책에서 대화가 전부가 아니라고 단언한다. 협력에는 배려와 참여 못지않게 원칙에 입각한 주장도 필요하다는 사실을 일깨워 준다. 우리가 협력이 어렵다고 느끼는 이유는 협력의 본질을 오해했기 때문이다. 그동안 우리가 협력을 하기 위해 가졌던 모임은 대체로 전략 회의와 흡사했다. 이는 협력을 너무 성급하게 공동 작업의 단계로 옮겨 놓기 때문에 일어난다. 카헤인은 "협력은 통제될 수도 없고 통제되어서도 안 된다"고 말한다. 어차피 우리는 거의 언제나 '생각도 다르고, 호감도 신뢰도 없는' 사람과 일해야 하기에 협력은 필연적으로 '스트레치 협력'일 수밖에 없다. 함께 일하는 사람들과 관계 맺는 방식, 상황을 진전하는 방식, 상황에 참여하는 방식 모두를 바꿔야 타협에 이를 수 있다.

"미국은 재미없는 천국이고 한국은 재미있는 지옥이다"라는 우스갯소리가 있다. 우리 사회는 겉으로 보면 전례 없이 분열돼 있는 것처럼 보인다. 조선 말기의 망국적 양상과 흡사하다고 우려하는 지식인도 제법 많다. 인터넷 속도는 세계에서 제일 빠른 정보통신국가에서 소통과 협력이 거의 불가능하다니 이 무슨 어처구니없는 일인가? 그래서 지금 나는 우리에게 가장 필요한 것은 다름 아닌 토론 문화의 부활이라고 생각한다. 서양 사회에서 토론은 남의 애기를 들으며 내 생각을 다듬는 행위다. 그러나 우리나라 사람들이 토론에 임하는 자세를 보면 심히 결연하다. 기어코 상대를 제압하겠다는 결기로 충만해 남의 혜안이 비집고 들어올 여지가 없다.

이러한 태도가 지나치면 카헤인이 이 책의 서두에서 언급한 '적대시 증후군^{enemyfying syndrome}'에 사로잡힌다. '나는 맞고 너는 틀렸다'고 생각하며 상대를 파멸해야 할 적으로 여기는 것이다. 이 지경까지는 아니더라도 '문제의 원인은 내가 아니라 당신에게 있다. 그러니 협력을 위해서는 당신이 먼저 바뀌어야 한다'고 생각하는 사람들을 쉽지 않게 발견할 수 있다. 저자는 스트레치 협력에 이르는 세 단계 실천 방법을 소개하며 마지막에 다시 한번 이 적대시 증후군을 언급한다. 타인이 무엇을 하지 않았는지, 혹은 무엇을 해야 하는지 먼저 따지기보다 자기 자신 역시 해결해야 할 문제의 일부임을 깨달아야 한다는 것이다.

"문제의 일부가 아닌 사람은 해결책도 될 수 없다"는 이 책의 메시지를 곱씹어 보자. 그리고 우리의 토론 문화를 되돌아 보자. 토론은 누가 옳은가가 아니라 무엇이 옳은가를 찾는 행위다. 그리고 무엇이 옳은가를 찾기 위해서는 때로는 상대가 아니라 내가 먼저 바뀌어야 하는 상황이 올 수도 있다는 사실을 받아들여야 한다. 토론에 참여하는 우리는 모두 이러한 '상황에 대한 책임'을 공유한다. 그런데 사실 토론討論의 '칠 토討' 자는 '공격하다'와 '두들겨 패다'뿐 아니라 '비난하다'와 '정벌하다'라는 의미까지 품고 있다. 그래서 나는 다분히 오염된 '토론'이라는 용어를 버리고 여럿이 함께 깊이 생각하고 충분히 의논한다는 의미의 '숙론熟論'이라는 단어를 제안한다. 이 책이 이 땅에 성숙한 숙론 문화를 정립하는 데 좋은 길잡이가 되어 주기를 기대한다.

사람들 대부분 동의하지 않고, 좋아하지 않거나, 신뢰할 수 없는 사람들과 일하기 힘들어한다. 그렇게 하느니 안 하고 만다. 아예 엮이지 않거나 맞서기도 한다. 피하거나 꺾어 버리려는 것이다. 가끔은 이런 방식이 통하지만 대부분은 먹혀들지 않거나 통해도 오래가지 못하고 큰 대가를 치러야 한다. 우리는 삶의 모든 영역, 모든 규모에서 차이를 넘어서 협력해야만 하는 골치 아픈 난제와 씨름해야 하며, 가족과 동료, 그리고 이웃들을 상대해야 한다. 비즈니스와 정치, 지역문제 같은 한 도시와 국가 또는 국제적 규모에 이르는 문제들을 마주해야 한다. 대체 이 과제들을 어떻게 다뤄야 할까?

차이를 넘어 협력하는 일이 실제보다 더 단순하고 직선적인 길이라고 생각하던 때가 있었다. 그러나 실제로는 대부분 예상치 못한 상황에 놓이면서 수많은 갈림길과 선택이 얽혀 있다는 점을 알게 되었다. 이 책에서는 당신이 어떤 길을 가야 한다고, 특히 '적'과도 협력해야 한다고 말하지 않는다. 다만 당신이 도달하려는 목표에 누구와 함께, 어떻게 도착할 것인지에 관한 다양한 선택의 방법을 제시하고자 한다. 당신 앞에 놓이게 될 선택지와 현명하게 선택하는 방법에 대해 설명하려는 것이다.

35년 전 처음으로 '뜻이 맞지 않는 이들과의 협력'에 관여하게 되었다. 남아프리카공화국(남아공) 지도자들의 특별한 모임을 지원하는 일이었다. 외딴곳 몽플뢰르 Mont Fleur 회의장에서 네 번에 걸친 주말 회합을 통해 아파르트헤이트에서 민주주의로 역사적 전환을 이루도록 돕는 일이었는데, 흑인과 백인, 남성과 여성을 불문하고 정치인과 기업인, 노동조합원과 학자, 활동가 등등 좌파와 우파, 야당과 기득권층까지 망라하여 오랜 기간 가혹한 폭력적 갈등에 휘말려 온 사람들이 모였다. 나에게는 계시와도 같은 경험이었는데, 그토록 골이 깊은 사람들이 인내심과 평정심을 가지고 열정적이고 생산적으로 함께할 수 있다는 사실이 놀라웠다. 이 경험으로부터 얻은 교훈에 대해 예전에는 다음과 같이 단순하게 말하곤 했다. 서로 동의하지 않고 좋아하지 않거나, 신뢰하지 않는 다양한 사람들이 주어진 사회 체제(나라, 조직,

가족) 속에서 더 나은 시스템을 위해 협력할 수 있고, 협력해야 한다고 말이다. 중요하고 맞는 말이기는 했지만, 그것으로 충분하지는 않았다.

남아공에서의 경험을 계기로 나는 사람들이 가장 중요하면서도 어려운 과제에 대해 서로의 차이를 뛰어넘어 진전을 이룰 수 있도록 돕는 일을 천직으로 갖게 되었다. 매혹적이면서도 보람 있고 도전적인 일, 늘 스스로 성장하도록 채근하는 일이었다. 그 이후로 동료들과 나는 정부와 기업, 시민사회와 그들이 섞여 있는 수백 개의 그룹을 전 세계 모든 지역에 걸쳐서 지원해 왔다. 개별 조직과 공동체로부터 산업과 국가 전체, 국제적 연합체에 이르는 규모였다. 교육, 보건, 식량, 에너지, 광업, 기후, 정의, 안전, 안보, 민주주의, 평화 등 여러 분야에서 수일에서 수년에 걸쳐 긴밀히 협력하도록 도왔다. 어떤 일은 특별하면서도 무력도 포함하는 극단적인 갈등이었고, 어떤 일은 조용하고 평범한(그렇다고 쉽지는 않은) 갈등이었다. 일부는 큰 진전이 있었지만, 그렇지 못한 일도 있었다. 수많은 시행착오와 학습의 기회였고, 이를 바탕으로 여섯 권의 실천적 지침서를 썼다.

차이를 뛰어넘는 협력의 경험이 쌓여 갈수록 그것이

결코 단순하지 않다는 것을, 지나치게 단순화할수록 충격과 좌절, 그리고 실패를 겪게 된다는 점을 점점 더 이해할 수 있었다. 임마누엘 칸트의 다음과 같은 통찰이 진리라는 점을 거듭 깨닫게 된 것이다. "인간이라는 뒤틀린 나무로는 그 어떤 반듯한 물건도 만들어 낼 수 없다." 우리의 전통적이고 단선적인 이해는 우리와 같은 팀에 속한 사람들과만 협력할 수 있으며(단일 조직이든 여러 조직에 걸쳐 있든 간에), 그 팀의 이익을 최우선으로 삼고, 그리고 이해와 가치를 공유하는 사람들(즉 우리가 동의하고, 좋아하며, 신뢰하는 사람들)과만 협력할 수 있다는 것이다. 그러나 이 생각은 옳지도 적절하지도 않다.

목표를 이루기 위해서 우리는 같은 팀이 아닌 사람들, 즉 이해와 가치가 다르며 자신의 이익을 앞세우는 사람들, 우리가 동의하지 않고 좋아하지도 않으며 신뢰할 수도 없는 사람들과 협력해야 한다는 점을 이해해야만 한다. 그리고 이러한 '스트레치stretch' 협력은 가능한 일이다. 이와 같이 협력을 이해하고 실행하는 비전통적 방식은 기존의 접근법에 비해 더 많은 사람과 더 많은 일을 할 수 있다는 것을 의미한다. 차이를 넘어서 협력하기 위해서는 협력을 있는 그대로 이해해야 한다. 그러한 협력은 단순하진 않지만 가능하며, 기계적이지 않고 인간적이고, 기회이자 위험이다. 또한 우리 스스로 변화할 준비가 되어 있어야 하고, 수많은 굴곡과 전환점, 그리고 선택해야 하는 순간들을 마주해야 한다.

10여 년 전에 이 책의 초고를 썼고, 이번에 전면 개정판을 낸다. 개정판을 내는 데는 두 가지 이유가 있다. 첫째, 안타깝게도 이미 세상이 과거의 책을 따라잡았기 때문이다. 지금 우리는 잔혹하며 폭력적인 타자화, 양극화, 비인간화, 악마화, 그리고 '적대시'라는 악성 전염병 속에 놓여 있다. '뜻이 맞지 않는 이들과의 협력'은 과거보다 훨씬 더 근본적이고, 보편적이며, 중대하고 도전적인 과제가 되어 버렸다. 우리 삶의 모든 측면에서, 때로는 삶과 죽음까지 걸린 중요한 문제가 된 것이다. 둘째, 10년에 걸친 경험을 통해 협력의 기본과 이에 입각한 선택들에 대해 이전과는 다르게 이해하고 있다는 점이다. 누구와 협력할 수 있는지에 대한 흑백논리적 사고가 진전을 가로막는다는 점, 협력이 제대로 작동하는 데는 사랑과 권력, 그리고 정의의 통합이 필요하다는 점, 전통적conventional 협력과 스트레치 협력은 맥락에 따라 제

각각 쓸모가 있다는 점, 우리가 결부된 타인과 상황, 그리고 우리 자신이 어떻게 존재하느냐에 근본적 선택이 달려 있다는 점을 이해하게 되었다. 이러한 새로운 이해에 따라 모든 장을 대폭 수정했다. 요컨대 차이를 넘어서 협력하기 위해서는 열 가지의 근본적 선택을 한 번이 아니라 여러 번에 걸쳐 해야 한다는 점을 깨달았다. 따라서 이러한 선택들을 중심에 놓고 다시 작업을 했으며, 새로운 장과 사례, 공식과 도표를 추가했다. 또한 이러한 선택지들을 실행하는 데 도움이 되도록 전체적으로 풍부한 자료를 추가했다.

차이를 넘어서는 협력은 쉽지 않지만, 필요하며 가능한 일이다. 이 책은 당신이 어떤 역할을 맡고 있든(형제자매, 배우자, 이웃, 팀원, 관리자, 공무원, 활동가, 정치인, 대통령, 평범한 시민 등) 당신이 동의하지 않거나 좋아하지 않거나 신뢰하지 않는 사람들과도 협력하는 새로운 사고와 실행 방식을 제시한다. 그리고 당신이 원하는 곳으로 나아가기 위한 새롭고, 실용적이며, 희망적인 선택지를 제공할 것이다.

차례

서론

더 중요해졌지만
더 어려워진 협력

우리는 개인적, 직업적, 공적 생활 모든 곳에서 동일한 기본 과제에 직면했고, 압박은 점점 더 거세지고 있다. 우리는 중요하다고 생각하는 무언가를 이루려고 노력한다. 그러려면 타인과 협력해야만 하는데, 이 타인들 중에는 동의하지 않고, 좋아하지 않거나, 신뢰할 수 없는 사람들도 포함되기 마련이어서 갈등한다. 그들과 협력해야 한다고 생각하면서도 동시에 협력해서는 안 된다고 생각하는 것이다. 차이를 넘어서는 협력은 필수적이지만 불가능해 보인다. 이 난제를 어떻게 풀 수 있을까? 서론에서 제시하고 다음 장에서 설명하는 열 가지 핵심 선택을 통해 가능하다.

저런 사람들과는 절대 함께 일할 수 없어

2015년 11월, 협력의 본질을 명확히 이해하게 된 경험을 했다. 당시에 나는 33명의 멕시코 지도자들이 참여하는 첫 번째 워크숍을 진행하고 있었다. 멕시코 푸에블라 시의 한 정원 호텔에서 열린 모임에서 지도자들은 자국이 당면하고 있는 가장 심각한 문제들, 불안과 불법, 그리고 불평등이 뒤엉켜 있는 파괴적 연결 고리의 해법을 찾고자 했다. 모든 참석자들이 이 문제에 대해 우려하고 있었고, 해결을 위해 헌신하고자 했으며, 큰 변화를 위한 해법을 함께 만들어 낼 수 있을 것이라고 기대하고 있었다. 나 역시 이 프로젝트가 중요하다고 생각했고, 좋은 결과를 얻어 내겠다고 마음먹고 있었다.

24년 전 남아프리카공화국(이하 남아공)에서 처음 이러한 워크숍을 진행했을 때, 극복 불가능해 보이는 과제를 마주하고 있는 상황과, 함께 힘을 합쳐 변화를 만들어 낼 수 있는 엄청난 잠재력을 한마디로 요약한 농담을 들은 적이 있다. "압도적으로 어려운 문제를 마주할 때 우리에겐 두 개의 선택지가 있습니다. 현실적 선택과 기적과도 같은 선택입니다. 현실적인 선택은 우리 모두 무름을 끓고 하늘에서 천사들이 내려와 문제를 해결해 주기를 기도하는 것이죠. 기적 같은 선택은 논의하고, 뭔가 해 보고, 함께 앞으로 나아갈 길을 찾는 것입니다." 그리고 실제로 남아공 사람들은 차이를 넘어 협력하는 데 성공했다. '기적 같은 선택'을 실행한 것이다.

그래서 푸에블라 건을 맡을 즈음에는 오랜 기간에 걸친 폭넓은 현장 경험을 통해 차이를 넘어선 협력이 가능하다는 것을 잘 알고 있었다. '멕시코스 포시블레스 Mexicos Posibles'(멕시코의 가능성) 프로젝트의 참가자들은 정치인, 인권운동가, 군 장성, 기업 소유주, 노동조합원, 지식인, 언론인, 지역과 종교와 원주민 지도자 등등 각 계각층에서 모인 인사들이었다. 많은 사람이 정치적, 직업적, 개인적으로 라이벌 관계였고, 이념과 문화적 간극도 컸다. 서로를 적으로 여기는 사람들도 있었다. 대부분 동의하지 않고 좋아하지 않거나, 신뢰하지 못하는 사이였다. 국가 전체적으로도 그 모임 내부적으로도 의심과 방어 심리가 하늘을 찌르고 있었다. 극도로 중요한 공동 과제의 해결을 위해서는 함께 협력해야 할 필요가 있었지만, 그들 스스로 그럴 수 있다는 확신을 갖지 못하고 있었다. 워크숍은 순조롭게 진행되는 듯했다. 참가자들은 다 함께 또는 몇몇씩 짝을 지어 자신들의 다양한 경험과 생각들을 활발하게 주고받았다. 식사나 산책을 함께 하거나, 주변에 있는 적당한 현장을 방문하여 그곳 관계자들을 만나기도 했다. 그들은 서로에 대해 조심스럽게 알아가고 있었으며, 나라를 위해 무언가 중요한 일을 함께할 수 있을 것 같다는 생각도 커져 가는 듯했다.

마지막 날 아침 이번 프로젝트의 조직팀(11명의 멕시코인, 나, 그리고 회사 직원들)은 회의 도중 격렬한 말다툼을 했다. 혼란스러운 방식, 운영상의 차질, 소통의 단절 등등 워크숍이 제대로 진행되지 못한 문제들 때문이었고, 일부 팀원은 내 탓이라고 생각하는 모양이었다. 다음 날 워크숍이 끝나고 내가 몬트리올로 돌아가는 도중에 누군가 나를 비난하는 문자를 돌렸다고 한다. 팀원 하나가 그 내용을 나에게 전달해 주었고, 나의 전문성을 놓고 뒷담화를 한다는 사실에 분노와 모욕감이 치밀어 올랐다. 한편으로는 그 프로젝트에 따른 성과와 수입에 지장이 생길까 봐 걱정이 들기도 했다. 믿을 건 나자신밖에 없다고 생각했다. 전문가적 관점에서 볼 때 나의 워크숍 진행에 아무런 문제가 없다는 내용을 담은 장문의 이메일을 며칠에 걸쳐 한 통, 두 통, 세 통까지 보냈다. 솔직히 내가 몇 가지 실수를 했다는 걸 알고 있었지만, 그걸 인정하면 더 큰 위험에 빠질 것 같았다. 내가 옳고 그들이 틀린 거라고 스스로 다짐했다. '나는 그 악당들에게 억울하게 피해를 당한 영웅이다!'

일주일 동안 여러 팀원과 통화하면서 나의 태도는 더욱 굳어졌다. 우리가 겪었던 문제에 대해 나를 비난하는 사람들은 나와 팀원들의 수고를 터무니없이 배신하는 거라고 생각했고, 나도 맞대응을 하면서 그들을 비난했다. 불안감과 불신은 점점 커져만 갔고, 공격적이고 고집스러워졌다. 또 스스로를 지켜야 한다는 생각 탓에 눈치를 보며 교활해지기까지 했다. 그들의 생각에 동의할 수도, 좋아할 수도, 신뢰할 수도 없다는 결론에 이르렀다. 이 문제로 그들과 엮이거나 앞으로도 함께 일하고 싶지 않았다. 그들이 적으로 보였다. 정말로 그들이 이 모든 불쾌한 상황과 함께 싹 사라져 버렸으면 하는 마음이었다.

'적'과의 협력

옥스퍼드 사전은 '적enemy'에 대해 다음과 같이 정의한다. "누군가를 증오하고 그 누군가의 실패를 간절히 원하는 사람, 적대적인 국가 또는 군대의 구성원. 적대적인 세력과 그 함선, 항공기, 그리고 해를 끼치거나 상처를 주는 것." 이 정의는 평범한 상황부터 특별한 상황까지, 그리고 우리에게 상해를 입혔거나 입힐 수도 있다고 생각되는 다양한 유형의 사람들을 포함한다. 집요하거나 무심한, 의도적이거나 우발적인, 직접적이거나 간접적인, 심각하거나 가벼운 행동 모두 해당한다. 사전적 정의는 특정 시점에 타인이 취하는 행동(그들이 적**처럼 행동**한다)을 가리키지만, 우리는 종종 그 행동을 본질적 정체성(그들은 **적**이다)으로 무리하게 치환해 버린다.

대개 우리는 적이라고 생각하는 사람들과 일하는 것을 원치 않는다. 힘들거나 위험하거나 잘못된 일이라고 생각하기 때문에, 거리를 두거나 회피하거나 배척한다. 그러나 원치 않아도 그런 사람들과 일해야 할 때가 있다. 그들이 무슨 짓을 하고 있더라도, 또는 그 짓을 멈출 방법을 찾기 위해서라도 말이다. 대부분의 경우 우리가 그런 선택을 하고 또 방법을 안다면 그들과 협력할 수 있다. 이 책은 바로 그런 선택에 관한 것이다. 나와 견해가 다르거나 심지어 적으로 보이는 사람들과 어떻게 하면 함께 일할 수 있을까?

적대시 신드롬

멕시코에서 겪은 짧지만 첨예했던 갈등은 내가 오랫동안 고민해 온 문제를 몸소 실감하게 해 주었다. (그로부터 몇 년이 지나 이 글을 쓰는 동안에도 속이 거북할 정도다.) 나로서도 중요했던 그 프로젝트를 진전시키기 위해서는 특정한 사람들과 함께 일해야 했다. 그들 중에는 내가 동의하지 않고, 좋아하지 않거나, 신뢰할 수 없는 사람들, 이미 적으로 여기고 있는 사람들도 포함되어 있었다. 이러한 팀 내 갈등은 작업을 위태롭게 할 만했다. 더욱이 팀에서 벌어지고 있는 소소한 다툼은 국가 차원의 더 큰 체계에서 벌어지고 있는 중심적 역학 관계(양극화, 불신, 분열, 붕괴)를 그대로 재현하는 것이었다. 바로 그런 갈등을 극복하기 위해 결성된 프로젝트팀 내에서 말이다.

이 평범한 사건에서 나는 흔하면서도 치명적인 행동이나 증상을 보였다. 사람들을 적으로 취급하는 행태, 나는 이를 **적대시**라고 부른다.[1] 적대시하기는 넓은 붓으로 색칠하듯 다음과 같은 사람들을 모두 적으로 만들어 버린다.

- 심각하게 상해를 입히는 사람들
- 뜻이 맞지 않고, 좋아하지 않거나, 신뢰할 수 없는 사람들
- 위협감을 주는 사람들
- 갈등 관계에 있는 사람들
- 의견 또는 결이 다른 사람들
- 불편한 사람들

그래서 내가 멕시코 사건에서 그랬던 것처럼 사람들은 침략군이나 폭력적 범죄자 또는 난폭한 배우자뿐만 아니라, 투덜대는 고객, 까칠한 동료, 무례한 이웃, 악의적인 페이스북 댓글, 골치 아픈 형제들, 무책임한 파트너들까지 모두 적으로 돌려 버리는 것이다. 적대시의 문제

는 수많은 사람을 적으로 낙인찍고, 따라서 그들과는 협력할 수 없다고 단정하고는 피하고, 관계를 꺾어 버리는 데 있다. 사람들을 적과 친구, 흑과 백으로 단순화하기 때문에 그렇게 간단히 나눌 수 없는 수많은 회색지대를 놓치게 된다. 선택의 폭은 좁아지고, 할 수 있는 일은 줄어들고, 결국 목표 달성에 방해만 될 뿐이다. 그러니 넓은 붓으로 색칠해 버릴 게 아니라, 의식적으로 주도면밀하게 적들을 선택하고 다룰 필요가 있다.

사방에 널린 적들

'적대시'와 '타자화'는 전 세계의 공공 및 정치적 담론에 깊이 스며들어 있다. 즉 **그들** 편에 있는 타자에게는 민족주의자, 세계주의자, 침략주의자, 인종주의자, 시장 과점자들, 사회주의자, 테러리스트, 이교도 등 다양한 딱지를 붙인다. 반대쪽, 즉 **우리** 편에게도 약자, 불평분자, 허수아비, 배신자, 반대론자, 매국노 등의 낙인이 찍힌다. 게다가 우리는 이 적대시 행위를 정치뿐만 아니라 직장과 가정에서도 실행한다. 우리를 음해하는 동료들, 시기 질투하는 형제자매, 보기 싫은 잔디 경고판을 세워 놓은 이웃 등등 사방이 적이다. 때때로 우리는 적대시를

통해 스스로 남들과는 다르고 우월하다고 느끼기도 한
다. 지그문트 프로이트는 이를 '사소한 차이의 나르시시
즘the narcissism of small differences'이라고 불렀다.[2]

　나도 수많은 상황에서 누군가를 적대시했다. 타인들
(정치인, 반대자, 동료, 고객, 거래처, 이웃, 가족 등등)이 매
사를 엉망으로 만들고 문제를 일으킨다고 혼자서 소설
을 쓰곤 한다. 그 소설이 타당하지도 않고, 제대로 끝을
맺을 수도 없으며, 시간 낭비일 뿐이라는 것을 잘 알고
있다. 그래도 멈추지 않는다. 또한 많은 사람이 똑같은
짓을 한다는 것까지 알고 있다. 예컨대 부부 문제로 상
담을 시작하는 사람들은 '우리 부부의 문제는 배우자 탓
이고, 상담을 통해 스스로 바뀔 필요가 있다는 걸 상대
가 깨닫기 바란다'고 생각한다. 동네에서 벌어지는 다툼
에서도 '상대방이 잘못을 인정하기 전까지는 말도 섞지
않겠다'고 다짐한다. 놀이터에서 다투는 아이들처럼 언
제나 "네가 먼저 그랬잖아!"라고 반복하는 것이다.

왜 적대시하나

적대시는 실재하는 차이를 이해하고 대처하는 방식 중
하나다. 스트레스가 쌓이는 복잡한 현실을 흑과 백으로

단순화함으로써 간결한 대응 방안을 마련해 준다. 개인적 측면(공세적 또는 수세적 태도 결정)과 집단적 측면(상대를 압도할 숫자를 모으기 위한 편 가르기) 모두에서 그렇다. 인류학자 르네 지라르René Girard는 이와 같은 희생양 만들기의 한 행태에 대해 다음과 같이 설명한다. "공동의 적에 대해 사람들을 결속시켜 갈등 요인이 있는 집단을 단결하게 하는 방식."[3] 이는 닥쳐오는 도전에 대해 우리에겐 책임이 없고 별일 없을 거라는 위안을 줄 수 있는 유혹적인 방식이다. 게다가 성가신 타인과 엮일 필요도 없다. 그러나 언론인 H. L. 멘켄H. L. Mencken은 이 점을 지적한다. "모든 인간 문제에는 항상 쉬운 해결책이 있다. 깔끔하고 그럴듯해 보이지만 틀린 해결책 말이다."[4]

적대시의 결과

한 TV 프로그램 인터뷰 진행자가 자신은 석유 기업 경영진들을 적대시하면서, 왜 그들이 자기 프로그램에 출연하는 것에 동의하지 않는지 이해할 수 없다고 말했을 때 나는 어이가 없었다. 누군가를 적대시하는 태도는 '우리' 사이의 결속은 강하게 하여도, '그들'과의 협력은 차단한다. 그것은 흥미롭고 만족스러우며, 심지어 정의롭고 영웅적인 일처럼 느껴지기도 하지만, 대개 우리가 처한 현실을 명확하게 보여 주기보다는 흐릿하게 만든다. 갈등을 단순화하고 증폭시키며, 더욱 첨예하게 만든다. 우리가 할 수 있는 일이 무엇인지가 아니라, 타인들이 우리에게 무엇을 해 줘야 하는지에 대해 비생산적으로 몰두하게 한다. 이는 우리 자신과 우리가 속한 집단을 병들게 하는 것이다. 문제를 창의적으로 해결할 수 있는 여지가 줄어든다. 결국 해야 할 일은 외면하고, 그래도 끝내 승리할 것이라는 비현실적 환상에 빠져들게 된다. 어떻게 하면 이러한 증상에서 벗어나 적대시하는 행태를 누그러뜨릴 수 있을까? 차이를 넘어 협력할 수 있는 '실전 매뉴얼'은 무엇일까? 어떤 선택을 해야 할까?

협력의 두 얼굴: 팀워크인가 부역인가

내가 관찰하고 또 직접 실행해 온 차이를 넘어선 협력이라는 과제의 핵심에는 적대시 증후군이 자리 잡고 있다. 대개의 경우 협력은 필요하지만 힘든 일이다. 우리는 중요한 무언가를 얻고자 하지만, 그러기 위해서는 경험과 관점이 다른 사람들과 협력해야 한다. 중요한 이슈일수록, 그리고 그에 대한 관점의 차이가 클수록, 협력의 필요성과 난이도는 더욱 커진다. 협력의 핵심 과제는 두 가지 의미 사이의 내적 긴장 관계를 통해 드러난다. 일단 옥스퍼드 사전이 말하는 협력의 단순한 의미는 '함께 어울려 일한다'는 것이다. 정의는 단합이 잘되고 활기차며 생산적인 팀워크에 관한 이야기들을 떠올리게 한다. 잘나가는 기업이나 조직이 내거는 구호나 그들의 소식지에 실리는 얘기들 말이다. "목표를 이루려면 모두 협력해야 한다!" 다른 한편으로 협력한다는 것은 외국에서 온 점령군을 돕는 경우처럼 "적에 빌붙어 협조한다"는 뜻을 갖는다. 그런 부역자들은 자기편을 배신한 것이기 때문에 적보다 더 나쁜 취급을 받는다. 따라서 이 정의에서는 간사하고 비열한 악행에 얽힌 정반대의 서사가 떠오른다. "부역자에게 죽음을!"

협력의 어려움은 우리가 실용적으로 앞길을 찾아 나가기 위해서는 뜻이 다르거나 믿을 수 없는 사람들을 포함한 타인과 **함께 일해야 한다**고 생각하면서도 동시에 굴욕적 타협과 굴복을 피하기 위해서는 **함께 일해서는**

안 된다고 생각하는 점에 있다. 우리는 가정, 직장, 공동체 등등 다양한 환경에서 이러한 어려움을 경험한다.

《협력의 역설》 초판에서 나는 전적으로 직접 체험에 근거해 글을 썼다. 그런데 출간 이후 나와는 아주 다른 경험을 한 많은 독자들로부터 공감한다는 얘기를 들었다. 국제적인 이혼 전문 변호사 모임에서 이 책을 홍보할 정도였다. 한 여성 경영컨설턴트는 1,500만 달러 규모의 회사 존립을 위협하는 창업자들 사이의 갈등을 해결하는 데 이 책을 활용했다고 했다. 한 방역 전문 수의학자는 그의 동료들 사이에서 이 책이 인기가 있다고 전해 주었다. 그 까닭을 묻자 "우리 문제는 동물이 아니라 사람들에게 있으니까요!"가 그의 답변이었다. 독자들은 동네 청소 계획 수립, 투자위원회 결정, 데이터베이스 성능 개선, 소비재 기업 내 글로벌 연구개발팀 편성, 유치원 협동조합 설립, 병원 응급실 운영, 광산 회사와 지역사회 중재, 조지 플로이드George Floyd 사망 사건(2020년 5월 미국에서 백인 경찰의 과잉 진압으로 흑인 남성 조지 플로이드가 사망한 사건. 이 사건은 전 세계적인 인종차별 반대 운동을 촉발했다.) 이후 발생한 미니애폴리스Minneapolis 소요 사태(조지 플로이드 사망 사건 직후 미네소

타주 미니애폴리스에서 시작된 대규모 항의 시위와 소요 사태. 초기에는 일반 시위로 시작되었으나, 일부 지역에서 방화와 약탈 등 격렬한 충돌이 발생하면서 비상사태가 선포되고 주 방위군이 투입되기도 하였다.) 진정 등에 이 책이 도움이 되었다고 알려 주었다.

우리는 가족, 지역사회, 운동단체, 기업, 정치, 국제관계 등 어떤 분야에서든 "저런 사람들과는 절대 함께할 수 없어!"라고 말할 때마다 협력의 난관에 봉착한다. 이 외침은 과연 무슨 뜻일까? 함께할 필요가 없다는 의미일 수도 있고, 원치 않는다거나, 그렇게 하기 어렵다는 뜻일 수도 있다. 그런 상황, 즉 특정한 사람들과 협력의 필요가 없거나 의지가 없거나 가능하지 않다고 생각한다면, 그들 없이 또는 그들과 맞서서 일하려 할 것이다. 그러나 그러한 타인들과 '함께해야 한다'라고 생각한다면 어떻게 해야 할까? 그들을 피하거나 대립하기 어렵다고 생각할 수도 있고, 그들이 우리에게 필요한 기술이나 자원을 가지고 있을 수도 있고, 그들을 배제하거나 외면하는 것이 잘못된 것이라고 믿을 수도 있다. 그렇다면 우리의 첫 번째 선택은 누구를 적으로 볼 것이냐가 될 것이다.

그러한 상황은 차이를 넘어선 협력의 핵심 과제를 제시한다. 그리고 두 번째, 세 번째, 네 번째 선택들, 즉 '언제, 누구와 어떻게 협력할 것인가'가 이어진다. 우리는 타인의 가치관과 행태가 우리와 다르다고 보기 때문에 그들이 틀리거나 나쁘다고 믿게 되고, 그로 인해 불편해하고 두려워하거나, 분노하게 된다. 목표 달성을 위해서는 그들과 협력해야 한다는 점을 알고 있어도, 되도록 그렇게 하고 싶지 않은 마음인 것이다. 옳다고 믿는 것이나 가장 중요한 가치를 배반하거나 양보해야 하는 점도 걱정이다. 또한 우리의 우군들이 우리에게 '부역자'라며 등 돌리고, 배척하고, 공격할지 모른다는 두려움도 있다. 이런 상황이라면 그들과 협력해야 한다는 것을 알고 있다고 해도, 성공적으로 해낼 수 있는 방법을 찾지 못하게 된다.

도대체 어떻게 함께 일할 수 있을까?

이러한 긴장 관계는 차이를 넘어선 협력에 본질적으로 내재되어 있다. 협력의 필요성과 난이도가 커질수록 긴장도가 전 세계적으로 올라간다. 사람, 아이디어, 상품, 돈, 데이터, 기술, 무기, 오염물질, 병원균 등이 조직과 지역의 경계를 넘어 넘나들기 때문이다. 그러한 움직임을 제한하기 위해 단속적으로 노력을 기울여도 어쩔 수가 없다. 우리의 상호연관성과 의존성은 점점 강화되고 있다. 그러니 독립적으로 행동할 수 있는 여지가 거의 없다. 그리고 세상이 얼마나 서로 연결되면서 의존하고 있는지 인식하는 사람들이 점점 더 늘고 있다. 무언가를 이루기 위해서는 옆자리에 있는 사람이든, 길 건너, 심지어 지구 반대편에 있는 사람이든 간에 제각기 역할이 다른 다양한 사람들과 함께해야 한다. 더욱이 우리가 직면하고 있는 가장 중요한 문제들, 심지어 생존을 위협하는 과제들은 대부분 단순한 조정을 넘어 거대한 사회 시스템을 기본부터 바꾸어야 하는 것들이다. 즉 해당 시스템과 폭넓게 관련된 수많은 사람과의 협력이 필요하다. 기후변화, 핵확산, 인공지능, 폭력적 갈등, 팬데믹 등 소위 다중 위기들은 대부분 전 지구적 협력이 필요한 사안이다. 차이점을 넘어서는 연결과 협력이 절실한 것이다.

그러나 차이를 넘어서는 협력은 점점 더 어려워지고 있다. 사람들 사이에는 언제나 차이와 갈등이 있기 마련이다. 이는 때때로 폭력적이거나 파괴적이지만 때로는 창조적이고 생산적일 수 있다. 그러나 요즈음에는 많은 사람들이 자신의 주장과 입지에 대해서는 목소리를 높이는 반면, 다른 사람과의 관계에서는 인내하려 하지 않는다. 지역과 전국, 그리고 국제 사회에 걸쳐 정치, 경제, 사회, 문화, 종교 등을 막론하고 수많은 차이들을 연계하기가 점점 복잡하고 힘들어지고 있다. 이러한 차이들을 조정하던 기존의 구조들(제도적 장치, 관료제, 협약, 규범 등)은 해체되거나 약화되고, 타자화가 무기가 되고 있기 때문이다. 기술 발전에 따르는 허위 정보, 조작, 인식의 분열과 더불어 코로나19로 증폭된 과도한 개인주의, 사회적 거리두기, 권위에 대한 불신은 우리를 더욱 방어적이고 고립적인 방향으로 가도록 겁박하는 거대하고 급격한 변화다.

이 모든 경향의 결과로 우리는 적대시에 감염된 세상을 경험하고 있으며, 차별과 폭력의 세계를 창출해 내고 있다. 차이를 넘어 협력해야 할 필요성은 커지는 반면 그 능력은 감소하는 이 보편적인 긴장 상태는 우리에게 끔찍한 도전 과제를 안겨 준다. 우리는 이 과제를 어떻게 해결해 나갈 수 있을까?

차이를 넘어선 협력에 접근하는
두 가지 방식

차이를 넘어선 협력이 쉽고, 단순하며, 당연한 일이라고 무심코 오해하는 경우가 종종 있다. 이러한 오해로 인해 차이를 넘어서는 협력에 필요한 것이 무엇인지 이해하지 못한 채 덤벼들었다가, 뜻대로 일이 풀리지 않으면 허둥대다가 결국 포기해 버린다. 반대로 차이를 넘어선 협력에는 마법이나 기적 또는 초인적 능력이나 초월적인 희생이 필요하다고 오해하는 경우도 있다. 이에 따라 지레 겁을 먹고 협력을 위한 시도조차 하지 않을 수도 있다. 차이를 가로질러 협력한다는 것은 사실 쉽지 않지만 불가능한 일도 아니다. 단순하지 않고 늘 성공하지는 않더라도, 필요하고 가능하며 생산적인 경우가 많다. 어쨌든 핵심은 적대감을 누그러뜨리고 이질적인 사람들과 끈기 있게 협력할 방법을 찾아야 한다는 점이다. 사실 우리가 필요로 하는 협력과 우리가 기꺼이 할 수 있는 협력 사이의 간극을 좁힐 수 있는 현실적이고 상호보완적인 두 가지 방법이 존재한다.

- 전통적 협력: 현실적 의지와 능력에 맞춰 협력의 범위를 제한한다
- 스트레치 협력: 의지와 능력을 확장하여 필요한 협력에 부응하도록 한다

각각의 방식은 다른 상황에 적용할 수 있다. 주어진 상황에 따라 둘 중 하나 또는 두 가지를 결합하여 활용할 수 있다. (4장과 5장에서 설명하는 다섯 번째와 여섯 번째 핵심 기법이다.)

전통적 협력

첫 번째, 차이를 넘어선 협력의 전통적이고 보편적 방식은 협력의 대상과 범위를 제한하는 것이다. 전통적 협력은 다음과 같이 통제되고 제한된 두 가지 상황에 국한하여 활용한다. (그러한 상황을 만들어 낼 수도 있다.)

- 갈등 정도가 낮은 경우: 협력 참가자 간의 차이와 의견 불일치를 제어하고 관리할 수 있는 상황
- 복잡성이 낮은 경우: 원인과 결과를 알고 있거나 찾을 수 있는 상황[5]

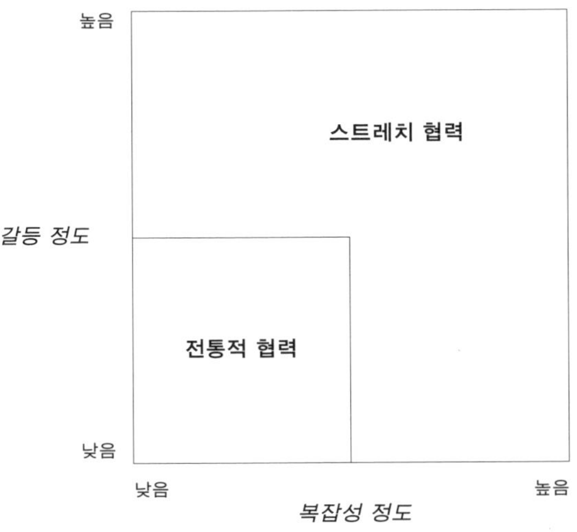

[그림1] 상황에 따른 두 개의 협력 방식

[그림1]의 왼쪽 아래 부분이 이에 해당한다.

전통적 협력 방식은 잘 돌아가고 있는 기업이나 정부 조직, 외과 수술팀 또는 응급 의료팀이 작동하는 방식과 유사하다. 오케스트라의 연주나 스포츠팀 경기 모습도 이에 해당한다. 목표와 보고 체계가 어느 정도 명확하며 구성원들은 자기 할 일을 알고 지시 받은 대로 수행하며, 그 결과 기대하는 성과를 창출한다. 위계적으로 조직되어 있어서 협력팀과 리더에 따라 정렬되고 종속된다.

참가자들은 그러한 체계에 따르는 편이 성과를 잘 낼 수 있고, 개인적 목표도 달성할 수 있다는 것을 잘 알고 있다. 따라서 그 체계에 충실하고, 배제되는 것을 두려워한다. 권위와 전문성에 기반한 중앙집중형 리더십이다.

그러나 복잡성과 긴장 정도가 낮게 유지되지 않거나, 우리가 통제할 수 없는 상황이라면 전통적 협력 방식이 통하지 않는다. 이러한 상황에서 전통적 협력 방식은 높은 긴장 관계에 놓여 있는 사람들과의 협력이 아니라 분리하거나 대립하는 방식으로 작동하게 된다. 잘 조직된 집단이나 스포츠팀은 내부적으로 훌륭한 팀워크를 유지하지만, 대외적으로는 상대를 무시하거나 대립하거나 거래만 할 뿐이다. 국가 역시 자국민의 결속을 강화하지만 이웃 국가에 대해서는 벽을 쌓거나 대립한다.

스트레치 협력

두 번째, 비전통적이고 익숙하지 않은 협력 방식은 협력이 필요하지만 서로를 원하지 않거나, 통제할 수 없거나, 의견의 간극을 좁히기 힘들 때 활용한다. 한계를 뛰어넘어 더 넓은 범위의 참가자들과 함께할 수 있도록 어떤 식으로든 유연하게 확장하는 방식이다. 스트레치 협력은 다음과 같은 상황에 적용한다.

- 갈등 정도가 높은 경우: 잠재적 협력자들과 차이가 크고 의견 불일치가 지속되는 상황
- 복잡성이 높은 경우: 사후에서야 인과 관계를 추론할 수 있는 상황[6]

[그림1]에서 더 넓은 부분을 차지고 있는 ㄱ자형 영역이다. 전통 방식에 비해 스트레치 협력은 더 넓은 범위의 참가자와 더욱 다양한 상황에서 쓰일 수 있으며, 더 많은 선택지와 기회를 제공한다. (물론 리스크도 크다.) 스트레치 협력 방식은 단일한 조직이나 팀이 아니라, 보다 복잡하고 다양한 가족 관계, 네트워크, 협업 관계, 생태계, 협의체, 공동체 등에 적용된다. 동거하지 않지만 양육권은 공동 행사하는 이혼한 부모들, 의견이 다르지만 목표 달성을 위해 협업해야 하는 동료들, 일부에서는 협력하고 다른 영역에서는 경쟁해야 하는 기업들, 간극이 큰 정파들을 포함하여 공동권력 행사를 위해 정치적, 국제적으로 제휴하는 '빅 텐트' 같은 경우다. 스트레치 협력은 수평적으로 조직된다. 자율적 협력으로 체계나

리더에게 종속되지 않으며, 특정 영역에서 선택적으로 협력한다. 이때 리더십은 분산된다.

차이를 넘어선 협력을 위한 스트레치

다음의 세 가지 측면의 스트레치를 통해 갈등과 복잡성을 다루고, 폭넓게 협력하는 능력을 키울 수 있다.

- **참가자 측면:** 협력 상대와의 공동 목표에만 집중하는 것을 넘어 갈등과 연결(유대감) 모두를 인정하고 포용하는 방향으로 스트레치 (6장에서 설명한다.)
- **상황 측면:** 문제 설정, 해법, 계획, 역할 분담에 대한 순차적이고 명확한 합의를 고집하는 태도에서 벗어나 다양한 가설과 선택지를 실험하는 방향으로 스트레치 (7장에서 설명한다.)
- **주체 측면:** 지시를 받거나 지시를 하는 태도에서 벗어나 협력 관계의 상황에 따라 자신의 역할(우리의 사고와 행동이 미치는 영향)에 대해 책임을 지는 방향으로 스트레치 (8장에서 설명한다.)

차이를 넘어선 협력을 위해서는 세 가지 측면 모두에서 스트레치 할 필요가 있다. 전통적 협력 방식에서는 제한적 확장만 필요하지만, 스트레치 협력에서는 확장의 범위가 더욱 크다. 그런데 이 세 가지 측면에서의 스트레치 모두 도전적 과제다. 당연하고 자연스럽게 느껴지는 것과는 달리 실제 협력 과정에서는 반대의 행동을 요구받기 때문이다. 많은 사람들이 가정과 학교, 조직 등에서의 경험을 통해 체득하고 있는 사실이다. [그림2]에서 요약한 대로 세 가지 스트레치에는 다원화가 필수다. 단일한 전체, 최적 경로, 유일한 리더십에 집중하는 태도에서 벗어나 중층적이고 다양한 개별 요소들, 돌발 상황

	전통적 협력	스트레치 협력
참가자 측면: **참가자를** **대하는 방식**	팀 전체의 이익과 조화에 집중 (하나의 우월한 전체)	갈등과 연결 포용하기 (다양한 전체)
상황 측면: **협력 진전을** **위한 방식**	과제, 해법, 계획, 역할에 대한 의견 일치 (하나의 최적 계획)	실험을 통해 나아가기 (다양한 임기응변의 가능성)
주체 측면: **협력에** **기여하는 방식**	다른 사람의 방식을 바꾸려고 함 (한 명의 최고 리더)	게임 속으로 뛰어들기 (다수의 공동 창작자)

[그림2] 협력의 세 가지 측면

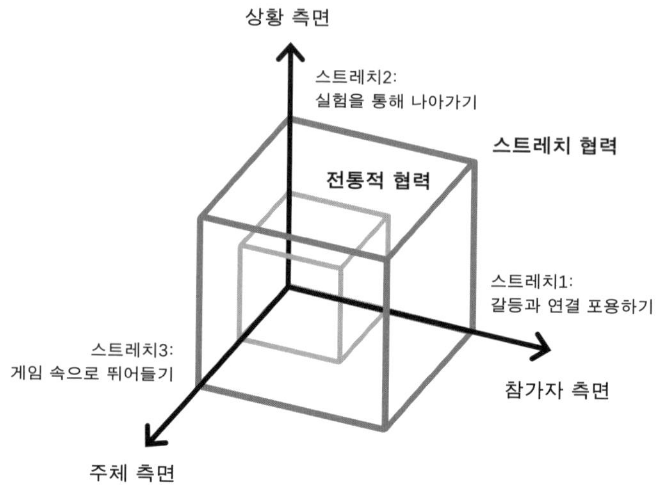

[그림3] 차이를 넘어선 협력을 위한 세 가지 측면의 확장

가능성, 공동 창작자들에 주목해야 한다. 세 가지 스트레치는 적대감에서 벗어나 상생의 협력, 지속적 유대를 가능하게 한다.

열 가지 선택으로 완성하는 협력의 지도

이미 언급했듯 차이를 넘어선 협력은 단순하지도 쉽지

도 않다. 그러나 실현 가능하고 가치 있는 일이다. 하나의 길을 쭉 따라가는 것이 아니라 다양한 선택지들에 대해 반복적으로 판단하고 결정하는 과정이다.

이 책은 열 가지의 핵심 선택 과제를 중심으로 구성되어 있다.

- 누구를 적으로 보는가? (서론)

- 협력해야 할 때는 언제인가? (1장)

- 누구와 협력할 것인가? (2장)

- 사랑·권력·정의를 어떻게 활용할 것인가? (3장)

- 전통적 협력을 어디에 활용할 것인가? (4장)

- 스트레치 협력을 어디에 활용할 것인가? (5장)

- 갈등과 연결을 포용하는 스트레치는 어떻게 할 것인가? (6장)

- 실험을 통해 나아가는 스트레치는 어떻게 할 것인가? (7장)

- 게임 속으로 뛰어드는 스트레치는 어떻게 할 것인가? (8장)

- 지속적으로 함께 머무를 것인가? (결론)

이 열 가지 선택 과제는 단순하고 직선적인 단일 체계가 아니기에, 미리 계획을 세우거나 로드맵을 만들 수 없다. 언제, 무엇을 할지에 대한 공식도 없다. 특정한 상황과 순간에 감각을 따라 길을 더듬어 가며 선택해야 한다.[7]

《협력의 역설》을 쓴 목적은 원하는 결과를 성공적으로 이룰 수 있도록 당신의 선택을 돕는 데 있다. 이러한 선택 상황을 실감 나게 보여 주기 위해 시오반 윌킨슨 Siobhan Wilkinson과 협업해 개와 고양이를 활용한 그림으로 표현했다. 각 장 끝에 '실전 매뉴얼'을 정리했고, 부록에는 '보충 자료', '토론 주제'를 정리했으며, 이안 프린스루Ian Prinsloo가 이 작업에 도움을 주었다. 우리는 이 책이 독자 여러분의 목표 달성을 위해 차이를 넘어선 협력을 실현하는 데 도움이 되기를 바란다.

변화를 만드는 '실전 매뉴얼'

실전 매뉴얼의 목표는 여러분이 동의하지 않고, 좋아하지 않거나, 신뢰하지 않는 사람들과의 협력을 돕기 위한 것이다. 한발 물러서서 상황을 되돌아보고 의식적 선택을 할 수 있는 기회를 제공하고자 한다. 쉽지 않으며, 배우는 데 시간이 필요하다. 여러분의 경험에 관련된 핵심 질문들을 탐구하고, 이를 통해 스스로 답을 찾을 수 있도록 안내한다. 부록의 '보충 자료'는 더 깊이 있는 접근에 필요한 자료들을 담고 있다. '실전 매뉴얼'에서 소개하는 방법들은 개인 또는 그룹으로 수행할 수 있으며, 그룹에서는 다음의 단계를 따른다.

① 모든 참가자가 개별적으로 질문에 답한다
② 각자의 개별 답변을 그룹 내에서 공유한다
③ 그룹 전체가 다양한 답변을 놓고 토론한다
④ 공통 답변으로 부각되는 내용을 확정한다

각 단계마다 신체적 동작을 활용할 수 있다. 몸짓이나 자세로 자신의 반응을 드러내고 사물과 이미지로 의견을 표현할 수 있다. 각 단계마다 질문에 대한 답변을 어떤 식으로든 기록하거나 적는 시간을 갖도록 한다. 간단해도 좋고 깔끔하지 않아도 된다. 목표는 이해의 정도를 뚜렷하게 하고 인식을 깊게 하는 데 있다.

실전 매뉴얼을 따라 하다 보면 '스트레치'의 문화를

열기 시작하는 건 우리이지만, 우리가 끝이 아니라는 점이 분명해질 것이다. 우리 자신의 패턴과 능력을 살펴볼 뿐만 아니라, 다른 사람들의 스트레치를 도울 수 있는 시스템, 관계, 공간 등을 창출해 낼 때 지속 가능한 변화가 일어날 것이다. 자기 인식과 집단적 맥락 사이의 상호 작용에 이 실전 매뉴얼의 더 큰 잠재력이 달려 있다. 이 매뉴얼들은 포괄적이며 회복 탄력성이 있고 변용할 수 있는 협력의 조건을 만들어 냄과 동시에 내적인 명료함을 찾을 수 있는 연결 고리에 집중하는 것을 목표로 한다.

차이를 인정하며
협력의 공간을 넓히는 기술

차이를 인정하며 협력의 공간을 넓히는 기술을 익히는 일은 타인을 '적대시'하게 될 때 도움이 되는 매뉴얼이다. 일단 한 걸음 물러서서, 다시 살펴보고, 누구와 어떻게 관계 맺을지 선택하도록 한다. 누군가에게 짜증이 나거나 분노하고 적대하게 될 때 잠시 멈춰서 다음 질문을 통해 생각을 가다듬어 본다. 누군가를 적으로 간주해야 하는 건지, 다른 관점은 없는 건지, 관계의 방식을 전환시킬 수는 없는지 판단하는 데 도움이 될 것이다. 물론 이 방식이 여러분이 처한 상황에 곧바로 적용되지 못할 수도 있다. 때로는 실제적인 위협이나 권력 불균형으로 인해 '적'이 너무 위험한 상대일 수도 있다. 그런 경우라면 다른 사람들과 연대할 필요가 있고, 이 질문들은 연대 세력들이 각자의 상황과 선택지를 이해하고 접근하는 데 도움이 될 것이다.

◉ **신호에 주목하기**

- 상대방 또는 상대 그룹에 대해 내 몸이 어떤 신호를
  보내고 있는가?

- 긴장이나 스트레스를 느끼는가? 나의 몸 어느
  부위인가?

- 감정은 어떠한가? 그리고 나의 몸은 어떻게
  반응하는가?

- 어떤 기억 또는 이미지가 떠오르는가? 그것에 대해
  나의 몸은 어떻게 반응하는가?

- 이 모든 것이 나의 집중도와 이해도에 얼마나
  영향을 미치는가?

◉ **서사에 주목하기**

- 이러한 감정들을 이끌어 낸 사건이나 경험은
  무엇인가?

- 나는 누구 또는 무엇에 대해 좌절감을 느끼는가?
  사람, 정책, 사건 중 어느 쪽일까?

- 이 상황에 대해 내가 스스로에게 말하고자 하는

스토리는 무엇인가?

- 그 스토리에 타당한 근거는 어느 부분인가?
단순화하거나 과장하는 부분은 무엇인가?
- 그들의 행동에 대해 나는 어떤 판단을 하고 있는가?

◉ **적대시 유형에 주목하기**

- 어떻게 그 사람을 나처럼 복잡한 인간이 아니라
단순히 적으로만 보게 되었는가? 구체적으로
설명해 보자.
- 어떻게 그 그룹을 다양한 개인이 모인 역동적
집단이 아니라 단순히 적으로만 보고 있는가?
구체적으로 설명해 보자.
- 그들의 의도에 대해 나는 어떤 가정을 하고 있는가?
- 상황의 여러 측면에 대해 고려하지 않고 그들이
해를 끼치는 행동에만 집중하고 있는 것은 아닌가?
- 그 관계에서 상호 작용하는 나의 힘은 무엇인가?

◉ **관점을 바꾸기**

- 사소한 것이라도 그들이 나에게 해가 되지 않을 수
있다는 증거가 있는가?

- 그들이 두려워하거나 지키려고 하는 것은 무엇인가? 막으려고 하는 손실은 무엇인가?
- 그들을 적이 아니라 잠재적 협력자로 본다면 무엇이 달라지겠는가?
- 그들을 적으로 대하는 것은 문제를 다루는 나의 능력에 어떻게 영향을 미칠 것인가?

◉ **답을 바꾸기**

- 차이를 인정하면서도 협력의 공간을 열어 두려면 그들과 어떻게 관계를 맺어야 하는가?
- 효과적으로 협력하는 데 도움 되는 경계선 또는 우회로는 무엇인가?
- 그 사람 또는 그룹과 협력하는 것 이외에 다른 선택은 무엇이 있는가?
- 보다 건설적인 방향으로 나아가기 위해 내가 할 수 있는 작은 행동 한 가지는 무엇인가?

◉ **효과를 평가하기**

- 반대보다 이해하는 쪽으로 관점을 바꾸면 무슨 일이 일어나는가?

- 나의 신체 감각과 감정, 그리고 태도에서 어떤 변화가 느껴지는가?
- 문제 상황을 다루는 나의 능력에 어떤 영향을 미치는가?
- 이전에 불가능했던 일 중 무엇이 가능해지는가?

● NEXT STEP

스스로 적을 만들고 있다는 생각이 들 때마다 한발 물러서서 성찰하는 습관을 발전시켜 나간다. 일기 쓰기, 산책, 정원 가꾸기 등 스스로를 진정시키면서 자신의 생각과 감정에 대해 호기심을 가지고 돌아볼 수 있는 활동들을 할 수 있다. 그때마다 짧더라도 기록을 한다. 시간이 지나면 내가 어떻게 적대감에 빠져들고 또 어떻게 그로부터 벗어나는지 패턴을 파악할 수 있게 될 것이다.

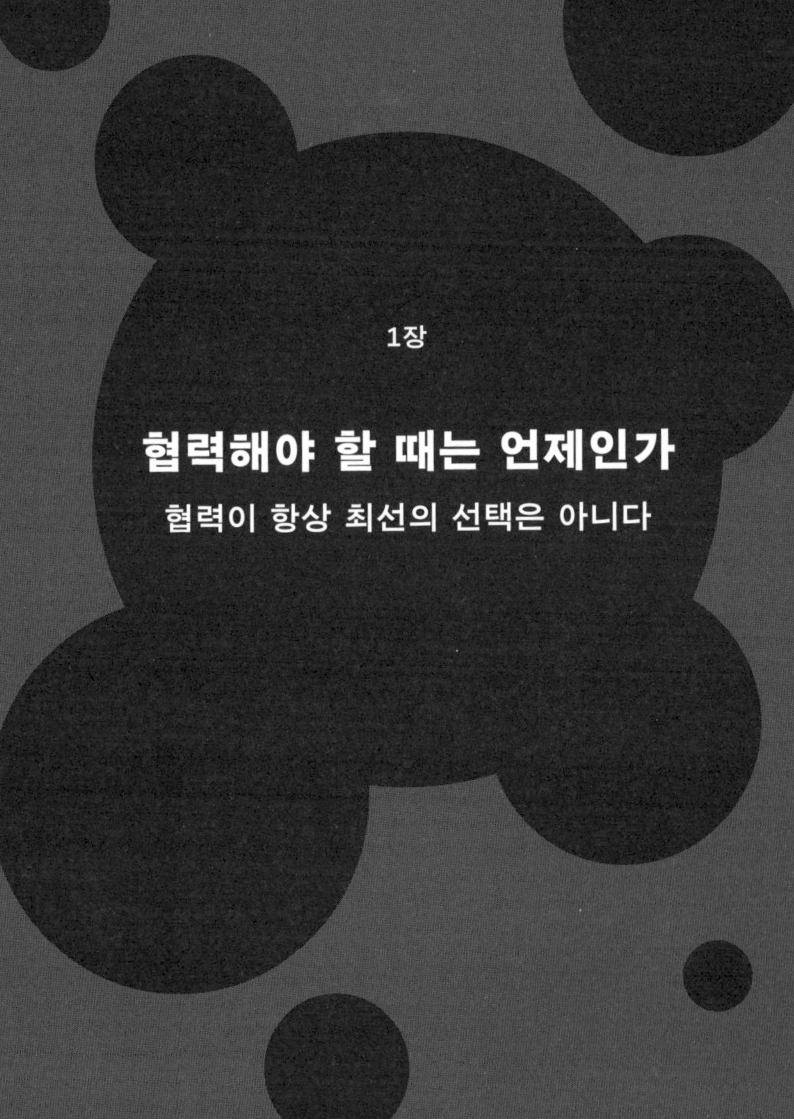

협력해야 할 때는 언제인가

협력이 항상 최선의 선택은 아니다

우리가 차이를 넘어서 협력하는 일을 의외로 어렵게 느끼는 이유 중 하나는, 협력이 아주 명쾌하고 단순하다고 가정하지만 실제로는 그렇지 않기 때문이다. 1장과 이어지는 2~3장에서 설명하려는 것처럼, 단순하고 직선적으로만 밀어붙여서는 함께 나아갈 수 없다. 즉 매번 하나의 선택지만 고르고, 상황을 흑백으로만 보거나 단순한 차원에서만 움직여서는 안 된다는 것이다. 대신 우리 앞에는 수많은 회색지대가 놓여 있고, 상황에 따라 각각 다른 선택을 해야 하며, 세 가지 측면에서 유연하게 움직여야 한다. (7장에서 이러한 '앞길을 더듬어 나가는 법'에 대해 상세히 설명한다.)

협력에 관해 우리가 첫 번째로 알아야 하는 가장 중요한 기본이 있다. 협력은 '필수가 아니라 선택'이라는 점이다. 문제 상황에 부딪힐 때, 즉 지금 마주하고 있는 상황이 달라지기를 원할 때, 우리는 각각 장단점이 있는 4개의 선택지를 갖게 된다.

- 상황 변화를 위해 다른 사람과 **협력한다**
- 원하는 방향으로 상황을 강제로 **바꾼다**
- 그대로 **받아들이고** 적응한다
- 관계를 끊거나 **피한다**

협력하는 선택이 최선이라고 생각할 때도 있지만, 다른 방법이 더 낫다고 판단해 그것을 선택할 수도 있다. **그렇다면 언제 협력하는 방식을 선택해야 할까?**

협력하지 않기로 선택하는 경우

몽플뢰르에서의 경험에 너무나 열광했던 나머지 1993년, 런던에서 하던 일을 그만두고 케이프타운으로 이주

했고, 프로젝트 담당자였던 도로시 보에삭Dorothy Boesak과 결혼했다. 그곳에서 얻은 단서들을 바탕으로 복잡한 과제를 해결하기 위한 협력 방안을 찾는 데 몰두했다. 그 후로 동료들과 함께 전 세계에 걸쳐 수백 건의 작업을 주도했다. 그런 경험이 쌓이면서, 협력이라는 선택이 처음에 생각했던 것처럼 단순하지 않다는 사실을 깨닫게 되었다.

2003년, 농민운동가 할 해밀턴Hal Hamilton과 함께 '지속 가능 식품 연구소Sustainable Food Lab'라는 대규모 협력 사업을 발의했을 때를 예로 들어 보겠다. 처음 제안했을 때 우리는 지속 가능한 국제적 식품 시스템을 보다 나은 방향으로 진전시키기 위해 유니레버, 월마트, 스타벅스 같은 기업과 세계자연기금WWF, 옥스팜Oxfarm, 열대우림보호동맹Rainforest Alliance 등의 NGO 그리고 연구자와 농민, 정부 대표들이 함께 참여하는 것을 염두에 두었다. 연구소 발기인들을 모으기 위해 해밀턴과 나는 몇 개월에 걸쳐 수십 명에 달하는 미국과 유럽의 식품 시스템 관련 리더들에게 참여 의사를 타진했다. 많은 사람들이 그 연구소가 자신들의 지속 가능성 목표를 진전시키는 데 도움이 될 거라고 생각했고 참여에 동의했다. 그 결과 2004년 중반쯤에 이 연구소를 발족하는 데 충분할 정도로 다양하고 많은 참가자를 모았고, 20년이 흐른 지금까지 활발하게 활동 중이다.

다른 한편 나는 참여를 거절한 세 단체가 제기한 사려 깊은 주장에 대해서도 주목했다. 한 글로벌 기업 경영진은 경쟁 우위 확보를 위해 자체적으로 지속 가능 목표를 추구하겠다고 밝혔다. 한 국제 농민 단체 지도부는 연구소에 참여하는 데 큰 관심이 있지만, 다른 참여 기업들과 동등한 위치에서 협력할 수 있을 만한 역량을 갖추지 못했다고 말했다. 한 정부 관계자는 자신들의 역할은 다른 민간 조직들과 분리되어 편향 시비 없이 규제를 제정하고 집행하는 것이라고 설명했고, 모두 일리 있었다. 당시 상황에서 그들에게 협력은 최선의 선택이 아니었던 것이다.

2000년부터 2012년 사이에는 베네수엘라가 처한 심각한 경제적, 사회적, 정치적 문제를 해결하기 위해 광범위한 다자간 협력체를 조직하고 있던 동료들을 돕는 일에 간헐적으로 관여한 적이 있다. 그러나 우리의 시도는 프로그램 참여를 거부하는 우고 차베스^{Hugo Chávez}의 혁명적 사회주의 정부로 인해 번번이 좌절했고, 결국 발

걸음도 떼지 못하고 말았다. 2011년, 한 베네수엘라 야당 국회의원이 극에 달한 정치적 대립에 관해 이야기해주었다. "과거에는 일부 위원회의 경우 정부와 야당이 협력하곤 했는데, 지금은 정부가 우리와 일체의 대화를 거부하고 있다." 차베스 지지자와 최근에 나눈 유일한 대화는 남자 화장실 소변기 앞에서였다고 한다. 그 남자가 비밀스럽게 속삭이듯 이렇게 말했다는 것이다. "당신들이 권력을 잡으면, 그래도 우리가 친구라는 걸 잊지 말아요. 알겠죠?"

결국 내가 깨달은 점은 차베스 정부가 우리 프로젝트 참여를 거부한 것이 협력의 원칙이나 기회를 이해하지 못해서 생긴 결과가 아니라는 사실이었다. 그 점을 더 세심하고 설득력 있게 설명할 필요가 없었다. 그들의 전략은 정반대의 논리적 전제에 기초해 있었기 때문이다. 정치적 반대자들을 반동적 자본주의 엘리트로 적대시하고, 국민을 흑과 백, 적과 같은 편으로 갈라치기 하는 것이 자신들의 지지 기반을 유지하는 데 도움이 된다는 전제를 깔고 있었던 것이다. 따라서 이 경우에는 (다른 나라의 정치인들과 마찬가지로) 차베스주의자의 관점에서 볼 때 협력은 최선의 선택지가 아니었다.

다른 사람들의 협력을 지원하는 일을 하는 이 기간 동안, 나 자신에게도 문제가 있었다. 다른 사람들과 어울리는 데 많은 어려움을 겪고 있었던 것이다. 길고도 적막한, 슬픈 소외의 시간을 보냈다. 네 차례에 걸쳐 서로 다른 동업자들과 질질 끄는 갈등이 이어졌다. 각각의 경우마다 개인적이며 직업적인 의견 불일치가 있었고, 갈등은 점점 더 첨예해져서 결국은 해결할 수 없는 지경에 이르렀다. 이러한 경험들은 나를 당혹스럽고 부끄럽게 만들었다. 평범한 갈등조차 해결하지 못하는 내 모습이, 타인이 겪는 거대한 갈등을 해결하도록 돕는 데 있어 사기꾼이나 다름없다는 생각이 들었기 때문이다.

협력에 대한 세 개의 대안

태국에서 일하면서 나는 비로소 협력을 선택하는 데 고려해야 할 것이 무엇인지 이해하게 되었다. 2010년 8월 나는 기업가 수밋 참프라싯Sumit Champrasit이 이끄는 시민단체 초청으로 방콕을 방문했다. 그들은 친정부 세력과 반정부 세력 간의 계속되는 정치적 갈등이 유혈 사태를 불러올 것을 우려하고 있었다. 그들은 사회적 불안, 양극화, 폭력 등이 통제 불능 상태로 치달아 최악의 경우 내란이 일어날 수도 있다고 두려워했다. 이 단체에는 태국의 정계, 경제계, 군부, 귀족, 시민사회 등 각계각층의 지도자들이 모여 있었다. 그들은 갈등과 사태 악화의 원인에 대해 서로를 비난하고 있는 여러 세력을 대표하는 인물들이었다. 그러나 그들은 소위 '시나리오 타일랜드Scenario Thailand'라는 프로젝트를 통해 서로 협력하겠다는 의사를 밝히고 있었다. "우리 아이들에게 물려주고 싶은 태국은 무엇인가?" 이는 그들 모두에게 중요한 질문이었다.

나는 그들이 갈등 해결 방안을 모색하는 데 도움을 주기 위해 다양한 사람들이 모이는 크고 작은 워크숍과 회의에 참여했다. 다양한 측면에서 태국의 역사와 문화, 가치는 독특했고, 나에게는 낯설게 보였다. 그러나 태국인들도 전 세계적 현상인 정치적·사회적 역동성과 씨름하고 있었고, 따라서 협력을 선택하는 데 있어서 이러한 역동성을 어떻게 다룰 것인지에 대한 기본적 결론을 도출해 낼 수 있었다.

2013년 4월에서 8월 사이에 프로젝트 참가자들은 나라에서 벌어지고 있는 상황을 파악하는 데 주력했다. 그들은 자신들의 다양한 경험을 공유했고 서로의 입장을 이해하고자 했으며 학계 전문가들뿐만 아니라 서민들과도 모임을 가졌다. 이러한 집중적 대화 모임을 통해 태국이 직면하고 있는 세 가지 복합 위기를 추출해 냈다. 사회적·문화적 긴장, 경제적·환경적 압력, 정치적·제도적 제약 등이다. 과거 태국에서는 미래에 대응하는 방식으로 특정 사안에 대해 **무엇을** 하느냐가 아니라, 위기 전반에 대해 **어떻게** 하느냐에 의존해 왔다는 데 의견이 모아졌다.

그들은 태국 사람들이 취했던 세 개의 기본 입장이 있었다고 했다. 그 시나리오를 각각 '순응', '강행', '협력'이라고 명명했다. '순응'이란 태국 사람들은 단지 자기 자신이나 가족, 조직을 돌보는 데 치중하고, 보다 큰 사회적 과제에 대해서는 다른 사람들, 특히 정부와 엘리트들에게 맡겨 버리려 했다는 의미다. 대부분의 개인과 조직이 취했던 방식이다. '강행'은 많은 사람이 위기에 대처하는 방식으로 하향식 해결책을 관철하기 위해 정치 운동에 참여하게 된다는 의미이며, 이기기 위해 싸웠다는 것이다. 과거로부터 계속 이런 입장을 취했고, 가장 최근에는 2008년에서 2010년 사이 태국의 정치적 동요의 시기에 특히 심했다. '협력'은 많은 사람들이 다양한 상향식 해결책을 진전시키기 위해 분야를 뛰어넘는 초당파적 노력에 참여하려 했다는 의미다. 이 방식의 비중이 가장 작았다. 참프라싯은 "여기서 협력이란 나에게 동의하라는 것과 같은 뜻"이라고 농담하기도 했다.

핵심 결론은 가장 익숙한 두 가지 방식, 즉 '순응'과 '강행' 중 하나를 기본 입장으로 취한다면 복합적 위기에 대처할 수 없다는 것이었다. 직면하고 있는 위기는 매우 복합적이고, 사회는 너무 양극화되어 있어서 특정 분야 전문가와 정부 당국의 하향식 지시로는 해결해 나갈 수 없었다. 익숙하지는 않지만 포용적 '협력'의 방식을 취할 때만 위기에 대응할 수 있다는 결론이었다. 참가자들은 이러한 능력을 키워 나가기 위해 새로운 운동을 창안했고, '우리가 할 수 있는 협력Collaborate We Can'이라고 부르기로 했다. 협력에 대한 나의 오랜 믿음과 일치하는 결론이었기 때문에 매우 기뻤다.

2013년 11월, 최종 보고서 작성을 돕기 위해 다시 태국을 찾았다. 그러나 텔레비전에 등장하는 실제 상황 전개는 우리가 생각했던 범위를 훨씬 뛰어넘었다. 정부는 과거 정치 불안정기에 정치인들이 저지른 범죄를 사면하는 법안을 통과시키려 했고, 이를 부패한 법안이라고 생각한 수십만 명의 반정부 시위대는 대중 집회를 열고 정부 청사로 밀고 들어가 선출된 의회를 지명직 위원회로 대체할 것을 요구했다. 서로를 비이성적이고 악의적이라고 비난하며 상호 적대감이 증폭되고 있었다. 프로젝트 참가자들이 가장 두려워했던 내전이 곧 일어날 것만 같았다.

'협력' 시나리오를 추동할 수 있는 여러 노력이 무산되는 모습을 보며 낙담과 함께 불안감이 찾아왔다. 더욱 놀라웠던 것은 많은 태국 동료들이 그 시점의 협력은 타협과 굴복을 의미한다고 확신하고 있다는 점이었다. 그들은 급격하게 '협력하다'의 두 번째 의미 즉, '적에게 비굴하게 협조하다'로 빠져들어 가고 있었다. 그러고는 친정부 또는 반정부 행동을 열성적으로 지원하며 '강행' 시나리오를 다양하게 실행하고 있었다.

2014년 초반 몇 달 동안 의회, 법정, 거리에서 태국의 정치적 갈등이 계속되었다. 반정부 세력은 방콕 중심부 일부를 점령하고 몇몇 정부 청사를 점거했으며 새 정부 구성을 위한 선거를 강력하게 저지하고 있었다. 정부는 비상사태를 선포하고 점령 지역을 폐쇄하려고 했다. 양측은 갈등 해결을 위해 협상했지만 실패했다. 2014년 5월, 마침내 군부가 그들의 '강행' 옵션을 실행에 옮겼다. 쿠데타를 통해 군사 정권을 수립하고 계엄령을 선포했다. 언론을 검열하고 정치인과 활동가들을 체포했고, 나와 함께했던 몇몇 동료들도 체포되었다.

몇 달 동안의 태국 역사에서 우리 팀이 논의했던 세 가지 시나리오가 모두 실행에 옮겨졌다. 그러나 위기가 심화되자 태국 국민은 '순응'과 '협력'을 포기하고 '강행'을 선택했다. 상대방 그리고 적과의 협력은 배신으로 치부되었다. 협력을 최선의 선택이라고 생각하지 않은 것이다. 이러한 역동적 과정에 대해 태국 동료들과 논의하면서, 우리 팀이 태국인들뿐만 아니라 모두에게 적용 가능한 '원형적 프레임'을 발견했다는 사실을 깨달았다. 이는 직면한 문제 상황을 다루기 위해 선택할 수 있는 대안들을 보여 준다.

많은 사람들은 협력이 최선이며 올바른 기본값이라고 생각한다. 우리 모두 상호연결된 의존적 존재이며 협력해야 한다는 것이다. 내가 몽플뢰르에서 얻은 교훈도 이것이었다. 그러나 지금은 상황에 따라 부분적으로만

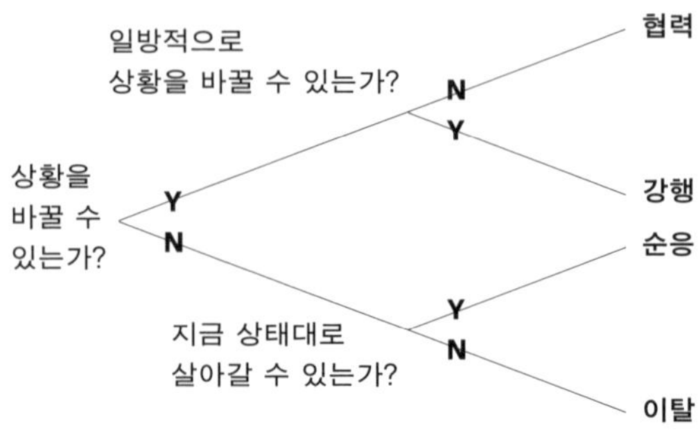

[그림4] 문제 상황에 대처하는 네 가지 선택

진실이라고 생각한다. 우리는 모든 사람과 함께 일할 수 없으며, 결코 아무와 일하지도 않는다. 따라서 협력이 언제나 옳은 것도 아니고, 항상 틀린 것도 아니다. 실제 상황에서 우리는 매번 언제, 누구와 협력을 할 것인지를 결정해야 한다. 우리의 잠재적 협력 상대는 흑과 백으로 명쾌하게 나누어지지 않는다. 대부분 회색지대이며, 따라서 관습적으로 생각하는 것보다 더 많은 잠재적 협력 상대가 있다.

우리는 이 선택을 이성적으로 또는 직관적으로 할 수 있지만, 어떤 경우라도 각 선택의 기회와 위험을 명확히 이해하고 있을 필요가 있다.

협력하기

우리는 우리가 관련되어 있는 상황을 변화시키고자 할 때(그것이 국가이든 공동체, 조직 또는 가족이든 간에), 그리고 이를 효과적으로 이루기 위해서 반드시 다른 사람과 함께하는 것이 필요하다고 생각할 때 협력을 시도한다. 혼자서는 무엇이 필요한지 알 수 없거나, 알 수 있다고 해도 혼자서는 성공시킬 수 없다고 생각할 때가 있다. 그래서 다른 사람과의 협력을 시도한다. 상황 변화를 위해 일시적이든 지속적이든 모임, 팀, 조직, 위원회, 네트워크, 동업 등을 만든다.

협력은 상황 진전의 효과적 방법을 찾거나, 보다 지속적으로 커다란 영향을 미칠 수 있도록 타인들(동료나 친구뿐만 아니라 반대자 또는 적일 수도 있는)과 함께 일할 수 있는 기회를 제공한다. 그러나 협력은 만병통치약이 아니며, 위험이 따른다. 성과가 너무 미약하거나 지연될 수도 있고, 너무 큰 양보를 해야 할 수도 있다. 심지어 상황에 포박되어 가장 큰 이익에 반하는 일을 할 수도 있다. 예컨대 1990년대 초반, 남아공 사람들은 몽플뢰르를 비롯한 전역에서 타협을 통한 민주주의로의 전환을 효과적으로 이루기 위해 적들과의 협력을 포함한 협력을 선택했다. 대다수가 지역적·세계적 상황과 세력 균형을 고려할 때 그것이 최선이라고 믿었던 것이다. 그러나 그러한 결정과 타협은 당시뿐만 아니라 지금까지도 큰 논쟁의 대상이 되고 있다.

강행하기

상황을 변화시켜야만 할 때 다른 사람과 함께하지 않아도 해낼 수 있을 것 같다고 생각한다면 강행을 시도한다. 혼자 또는 동료들과 함께해야 할 일이 무엇인지 잘 알고 있으며, 이를 상대방의 뜻과 상관없이 밀어붙일 수 있다고 생각하는 경우로, 방법은 다양하다. 당당하게 또는 완곡하게, 평화적으로 또는 폭력적으로, 합법적으로 또는 비합법적으로, 공개적으로 또는 은밀하게 처리할 수 있다. 선거, 소송, 시위, 캠페인, 무장 투쟁 등을 구사할 수 있고, 야심, 탐욕, 이상주의, 냉철함 등등 동기를 부여할 수 있는 요소도 많다. 아이디어, 기술, 후원, 투표, 권위, 금전, 무기 등 도구도 다양하다. 때로는 협력을 위한 노력이 실패했기 때문에 강행을 시도하기도 한다. 예컨대 양육권에 대한 합의가 실패한 뒤 이를 강제하기 위해 법원으로 갈 때다. 강행하기 위해 협력할 때도 있는데, 조직에 중대한 변화를 추진하면서 이에 대한 지지를 얻기 위해 동료들에게 로비를 하는 경우다. 사실 강행은 개인적 관계, 직업상의 관계, 정치를 비롯한 수많은 상호 작용에서 흔히 사용되는 방식이다.

강행이 주는 기회 요인은 많은 사람들이 자연스럽게 습관적으로 생각하는 방식을 따른다는 점이다. 사람들은 대부분의 상황에서 강행이 효과적 변화를 만드는 가장 최선의, 심지어 유일하게 현실적인 방법이라고 믿고 있다. 원칙적으로 정당한 사유로 힘을 사용하는 것은 옳은 일이며, 그렇게 하지 않는 것은 잘못이고 비겁하다고 생각한다. 2014년 태국 사태 당시에도 쌍방은 원하는 결과를 얻기 위해 힘을 사용했고, 결국 군부가 자신들의 뜻을 강제로 관철시켰다. 강행(그리고 그것의 그림자와도 같은 적대시)에는 위험 요소가 있다. 정치와 경영, 양육 그리고 일상적 상호 작용 등을 막론하고 생각을 달리하는 사람들의 반발로 인해 의도했던 결과를 이루지 못할 수 있다는 점이다. 더욱 안 좋은 경우에는 폭력적 보복의 악순환으로 빠져든다.

순응하기

상황을 바꿀 수도 벗어날 수도 없다고 생각할 때 순응적 태도를 취하게 된다. 있는 그대로 받아들이고 살아갈 방법을 찾는 것이다. 순응에는 상당한 지식과 창의 그리고 용기가 필요하지만, 대개 있는 그대로의 상황 속에서 이루어진다. 직접적인 영향권 밖에서 벌어지는 일은 바꿀 수 없다고 생각한다. 게임의 규칙을 바꿀 수 없으므로 할 수 있는 일뿐만 아니라 해야 하는 일까지 받아들이는 것이다. 따라서 주변에서 벌어지는 일을 무시 또는 회피하거나 적응하면서 할 수 있는 최선에 집중하게 된다. 강행과 마찬가지로 순응도 매우 흔한 방식이다. 이는 비가 오는 날씨, 시끄러운 이웃, 교통 법규, 조직 문화 등에 그냥 적응하는 것과 같다. 신학자 라인홀드 니버Reinhold Niebuhr는 이에 대해 한 기도문에서 이렇게 묘사했다. "주여, 어찌할 수 없는 것을 받아들이는 차분함을, 바꿀 수 있는 것을 바꾸는 용기를, 그것을 분별할 수 있는 지혜를 주소서."

순응이 주는 기회 요인은 우리가 바꿀 수 없는 일에 에너지를 쏟지 않아도 된다는 점이다. 순응은 어느 정도 만족을 주는 무난한 선택일 수 있으며, 때로는 제대로 실현되지 않더라도 최선의 선택이 되기도 한다. 지속 가능 식품연구소에 참여하지 않았던 세 곳은 상황 변화를 위해 새로운 협력 체제에 들어가는 것보다 기존 시스템을 그대로 유지하는 것이 자신들의 목표를 이루는 최선의 방법이라고 생각했을 것이다. 문제는 우리가 처한 상황이 너무 가혹해서 순응조차 불가능해지고 생존 자체도 힘들어질 위험이 있다는 점이다.

이탈하기

상황을 바꿀 수도 없고 더 이상 견딜 수도 없다고 생각할 때는 이탈을 시도한다. 다른 환경이나 차라리 혼자 있는 것이 낫다고 생각하는 경우다. 두려움, 결심, 명예 등등 때문에 탈출을 선택할 수 있다. 이혼, 거래 중단, 이민, 관계 단절, 외면 등의 방법이 있다. 수백만의 베네수엘라 국민들은 자국의 위기 상황에서 도주를 택했다. 탈출이 쉬울 때도 있지만, 대개의 경우 큰 희생이 따른다.

협력할 때를 선택하기

우리들 대부분은 상황에 따라 위의 네 가지 선택을 각각 사용한다. [그림5]에 원으로 표시된 개와 고양이로 그 상태를 나타냈다.

강행, 순응, 이탈은 협력보다는 더 단순하다. 앞의 세 경우는 스스로 결정하고 행동하면 되지만, 협력은 다른 사람과 함께해야 하기 때문이다. 우리는 종종 '그들'을 상대로 강행 또는 순응하거나, 이탈하기 위해 '우리 편'과 협력한다. 협력을 보다 편하게 여기고 즐기면서 첫 번째 선택으로 삼는 사람이 있는가 하면, 부담스럽게 생각하면서 다른 수단이 없다고 생각할 때에만 시도해 보는 사람도 있다.

어느 선택도 안정적이거나 영구적이지 않다. 상황 변화에 따라 방향성과 생각의 전제가 다른 둘을 번갈아 선택할 필요도 있다. 유연성이 필요하기에, 이러한 선택들

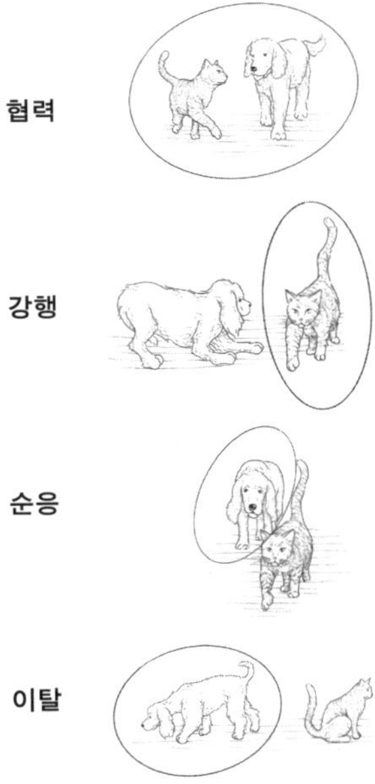

[그림5] 타인과 관련된 네 가지 선택

사이를 기술적으로 오가는 법을 배울 필요가 있다. 네 가지 선택지들을 좀 더 정교하게 다듬어 가면서 과거 동업자들과 갈등하던 시기에 내가 했던 행동을 좀 더 깊이 이해하게 되었다. 먼저 나는 순응하려 했다. 동업자들과의 현상을 유지하며 내가 하고 싶은 일을 하고자 했다. 그냥 별일 없다는 듯 지내는 방식이었다. 이 방법이 통하지 않자 협력을 시도했다. 그러나 제대로 해낼 수 없었다. 갈등이 생겨 상처를 받고 체면을 구길까 봐 겁을 내고 있었던 것이다. 위축되었던 나는 예의와 절제가 지켜지는 상황을 유지해 보려 했다. 그러나 이런 식으로는 동업을 계속하는 방안에 대한 의견 차이를 해소할 수 없었다. 갈등을 몹시 불편하게 여기고 있었으므로 의견 일치 없이 일할 수 있으리라고 생각하지 못했던 것이다. 결국 강행을 선택했다. 동업자들이 원치 않아도 내 방식대로 정리를 시도했다. 강행한 결과로 내가 이겨 상대방이 떠나기도 했고, 때로는 내가 밀려나기도 했다. 불편함과 손해가 발생하긴 했어도 과정은 괜찮았다. 어쨌든 모든 사람과 함께 일할 필요는 없기 때문이다. 하지만 나의 협력 기술이 부족했던 탓에, 특히 6장과 7장, 그리고 8장에서 설명하는 세 가지 방식으로 유연하게 대처하지 못했기 때문에 생산성을 유지할 수 있었던 몇몇 협력 관계들을 계속할 수 없게 되었다.

협력은 '권력의 균형'에서 시작한다

이 네 가지 선택지를 놓고, 권력의 관점을 통해 선택을 고려할 수 있다. (3장에서는 이 관점과 다른 두 개의 관점을 논의한다.) 이러한 관점에 따르면 우리는 순응과 이탈은 탐탁지 않고, 강행도 불가능할 때 협력을 선택한다. 상황을 바꿀 수는 있지만, 단독으로는 안 될 때 협력을 택한다. 단독으로 상황을 바꿀 수 있을 때 강행을 택하며, 상황을 바꿀 수 없고 그대로 살아갈 수는 있을 때 순응한다. 이탈은 상황을 바꿀 수도 없고 그대로 살 수도 없는 경우에 택한다. 즉 강력한 상대방이 그들이 원하는 방식을 강행할 때 우리는 순응이나 이탈 중에 하나를 선택하게 된다. 우리가 더 강력하면 우리가 강행하게 된다. 권력 관계가 대등하고 어느 쪽도 자신의 의지를 관철시킬 수 없을 때 협력하게 된다. 그렇기 때문에 권력의 불균형 상태에서는 협력을 시작하고 실행하기 어려운 것이다. (3장의 설명대로 권력의 차이를 넘어서는 협력에는 공정성을 구조화할 필요가 있다.) 협력 시점 선택에 있어서, 권력에 대한 주의와 대처가 필요하다.

갈등이 두려워 손을 잡고 있지는 않은가

리더십 코치 케이틀린 프로스트Caitlin Frost는 의식적 선택이 아니라 반작용하는 상황을 정리해 주었다. 상대가 실제로 우리보다 강하지 않고 또는 심각한 위협이 되지 않는다고 해도 우리가 겁을 먹었거나, 아니면 단지 갈등하기 싫을 때는 순응이나 이탈을 택한다. 더 강력한 상황에서 서두를 때, 두려워할 때, 복수해야 할 때, 지배하고 싶을 때, 무모할 때는 강행을 택한다. 습관적으로 협조적이거나 권력 행사를 피하는 쪽일 경우 협력을 택할 수도 있다. 협력을 선택할 때에는 반작용에 대한 인식과 제어가 필요하다.

기다릴 것인가, 부추길 것인가

당연히 우리 단독으로 협력을 선택할 수는 없다. 우리와 상대방 모두 필요에 동의한다면 협력을 시작하기 쉽다. 그러나 우리는 필요하다고 생각하지만, 타인은 그렇지 않은 경우가 꽤 있다. 그 반대일 수도 있다. 상대가 이탈이나 순응(우리를 상대하지 않는 경우) 또는 강행(우리를 굴복시키는 경우)이 협력(우리와 함께하는 경우)보다 더 나은 선택이라는 판단을 내려가는 중일 수도 있다. 그런 상황이라면 상대방이 일방적 선택의 실현 가능성에 대해 좌절, 회의 또는 포기하면서 협력에 대한 관심이 커질 때를 기다릴 수도 있다. 또는 우리가 그런 좌절, 회의, 포기를 부추기는 행동을 할 수도 있을 것이다. 예컨대 우리에게 충분한 대항력이 있으며, 그것을 행사하겠다는 의지를 보여주는 것이다. 또는 상대방의 흥미, 호기심, 기대감을 자극할 수도 있다. 예컨대 제3자가 협력 행동의 안정성을 보증하도록 하는 것이다. 협력의 시점 선택에 있어서 상대방이 만들어 가고 있는 기회 요인에 대한 이해와 활용이 필요하다.

사회적·문화적 선호도를 고려하기

특정한 상황 때문이 아니라 일반적인 선호도 때문에 협력을 결정할 수도 있다. 정치적·사회적·문화적·심리적·영성적 이유로 협력, 공동체, 교류 범위에 대한 선호가 달라질 수 있다. 협력의 시점을 선택할 때는 우리의 선호도에 대한 고려도 필요하다.

협력의 '근육'을 키우자

마지막으로 협력을 결정할 때는 우리의 능력에 대한 평가가 필요하다. 우리가 동의하거나 좋아하거나 신뢰할 수 있는 사람들과의 협력만 가능하다고 생각한다면 협력 범위가 제한될 것이다. 그 밖에 경우라면 강행, 순응 또는 이탈을 택하게 된다. 이 책에서 설명하는 스트레치 협력(그리고 스트레치 협력을 돕기 위한 실행 방안들)을 통해 우리의 협력 범위가 보다 넓어질 수 있다. 그에 따라 폭넓은 협력과 순응, 강행, 이탈에 대한 우리의 선택권도 커질 것이다.

일단 협력을 선택하면

요약하자면, 협력만이 유일한 선택지가 아니라는 점은 분명한 사실이다. 따라서 냉철하게 판단하고 선택할 필요가 있다. 그러나 이성, 직관, 관련성, 선호도, 능력 등이 복합적으로 작용하여 일단 협력하기로 결정했을 경우에 대해 이야기해 보자. 다음 여덟 개의 장에서는 협력을 선택할 때 뒤따르는 여덟 가지의 서로 다른 상황에 대해 설명하고자 한다.

현명한 선택을 위한 단계

다음의 매뉴얼은 어려운 상황을 해결하기 위한 네 가지 선택을 모두 검토해 본 뒤 결정을 내릴 수 있도록 도와준다. 특정 선택지에 쏠리기보다 각각의 가능성을 모두 살펴보는 열린 마음으로 연습에 임하기를 바란다.

무엇이 가능한지 탐색할 때 주의할 점은, 모든 선택지가 이론적으로는 가능할지라도 모든 사람에게 동등하게 주어지는 것은 아니라는 사실이다. 권력 관계의 역동성, 역사적 배경, 문화적 규범 등에 따라 달라질 수 있다.

이 매뉴얼은 현명하게 협력할 상황을 선택하기 위한 단계로, 각 선택지를 평가하여 강점을 파악하고, 그에 따라 가능성을 추정하는 데 도움을 줄 것이다. 또한 당신의 처지나 배경 때문에 선택하기 까다로울 수 있는 선택지들까지 함께 고려해 볼 것이다.

◉ **어려운 상황에 대처하는 습관적 방식 평가하기**

어려운 상황에 대처할 때 다음의 방식을 어느 정도로 사용하는지에 대해 1점(거의 사용 안 함)에서 5점(자주 사용함) 척도로 평가해 보자.

- 협력: 다른 사람과 공동 해결책을 찾기 위해 노력한다. ___점
- 강행: 확실한 범위를 설정하고 단호하게 전진하기 위해 리더십을 발휘한다. ___점
- 순응: 상황을 받아들이고 적응한다. ___점
- 이탈: 상황을 피한다. ___점

→ 위의 답변에 대해 성찰하기

- 가장 자주 사용하는 방식은 무엇인가?
- 가장 적게 사용하는 방식은 무엇인가?
- 각각의 방식에 대한 감정이나 느낌은 어떠한가?
- 선택에 영향을 미치는 조건이 있나? 있다면 어떤 것인가?
- 당신의 역할 또는 배경이 영향을 미치는 방식은 어떠한가? 있다면 어떤 식으로 영향을 미치는가?

- 더 잘할 수 있는 방식은 무엇인가? 왜 그렇다고
  생각하나?

◉ 어려운 상황에 대해 분석하기

강행, 순응, 이탈, 협력을 선택하게 되는 특정한 위기 상황에 대해 생각하면서 다음 질문에 답한다.

- 그 상황에 대한 첫 번째 반응은 무엇인가?
  본능적으로 어떤 방식이 끌리는가?
- 각각의 방식에 필요한 역량(권한, 기술, 지식, 경험
  등)은 무엇인가?
- 각각의 방식에 필요한 자원(시간, 지위, 정치적,
  사회적, 재정적, 정서적, 영적 등)은 무엇인가?
- 각 방식에 따르는 위험의 수준(안위, 자존감, 관계,
  미래의 기회 등에 미치는 영향 등)은 어느 정도인가?
- 각 방식에 따르는 당신의 이익(각 방식에 대한 개인적
  중요성과 결정적 이유 등)은 무엇인가?

◉ 관점을 바꿔 질문하기

- 평소와 다른 방식을 선택한다면 무엇이 달라질 수

있는가?

- 협력, 강행, 순응, 이탈의 네 가지 방식을 모두
  고려하면 상황에 대한 시각이 어떻게 바뀌는가?
- 앞의 질문에 대한 답변에 따라 새롭게 보이는
  가능성은 무엇인가?

→ 위의 상황과 관련된 핵심 인물들의 입장 살피기

- 어려운 상황에서 그들이 주로 취하는 습관적인 대응
  방식은 네 가지 선택지 중 무엇인가?
- 각각의 방식에 대해 그들이 가지고 있는 역량과
  자원은 무엇인가? 어떤 방식을 택했을 때 그들이
  감수해야 할 위험과 이익은 각각 무엇인가?
  기회비용을 고려해 보자.
- 그들의 관점에 대해 당신이 현재 알고 있는 바를
  확인하기 위해, 이러한 선택지들을 두고 그들과
  어떻게 대화할 수 있는가?

● NEXT STEP

이 매뉴얼은 '올바른' 경로를 선택하기 위한 것이 아니
라, 어려운 상황에서 네 가지의 선택을 모두 고려한 뒤

보다 명확하고 현명하게 결정하도록 돕기 위한 것이다.
여기서 얻은 통찰을 다음 단계의 길잡이로 삼아 보자.

2장

누구와 협력할 것인가

친구와 적이라는 이분법을 넘어

모든 사람과의 협력은 불가능하다. 따라서 협력의 선택에는 누구와 함께할 것인지에 대한 선택도 포함된다. 적대시는 이 선택을 흑과 백으로만 구분한다. 주변의 사람들을 적과 우군, 그들과 우리, 협력할 수 있는 사람과 그렇지 않은 사람으로 나누는 것이다. 그러나 모든 것을 자세히 들여다보면 항상 변화하는 회색의 음영이 드러나기 마련이다. 즉 우리가 생각하는 것보다 더 많은 잠재적 협력자가 있고, 선택의 폭이 더 넓어지는 것이다. 협력에는 이 회색지대에서 누구와 함께할지, 누구와 갈라설지, 누구를 상대로 할 것인지에 대한 실용적 선택이 필요하다. **누구와 협력할 것인가?**

흑과 백의 세계

1991년 몽플뢰르에서 있었던 첫 번째 경험 이후로, 동의하지 않거나 좋아하지 않고, 신뢰할 수 없는 타인들과 협력하려는 사람들을 지원하는 일에 관심을 기울여 왔다. 그리고 극단적인 갈등 상황에서도 협력할 수 있다는 것을 알게 되었다. 반면에 지난 몇 년 동안 사람들이 협력할 수 없다고 생각하는 상황이 점점 더 늘어나고 있다는 점을 발견하고 놀라지 않을 수 없었다.

언제나 그렇지만 요즘에는 특히 더 전쟁이 적대감을 낳고, 적대감이 전쟁을 일으키고 있다. 적군과 아군으로 나뉘는 전선이 형성되고 있는 것이다. 사실 나는 꼭 전쟁뿐만 아니라 모든 종류의 갈등에서 흑백논리가 점점 짙게 스며드는 것을 관찰하고 있다. 지난 몇 년간 내가 일했던 많은 곳에서 정치적, 지정학적 반대 세력, 다른 인종, 종교와 성별 그리고 외국인에 대한 적대감이 점점 더 격렬해지는 현장을 목격했다. 내가 살고 있는 남아공의 마을에서는 야생 개코원숭이에 대한 대책을 두고 갈라진 두 진영이 서로 맞고함을 치며 싸우는 일이 벌어지고 있다. 점잖은 나의 고향 캐나다에서도 짧은 시위가

긴 대치 상황으로 이어지곤 한다. 맡은 프로젝트를 진행하며, 미국의 민주당과 공화당(그리고 각 당 내부의 분파들) 사이에서 협력을 꺼리는 분위기가 점점 커져가고 있는 모습을 보게 된다. 국제적으로 미국과 중국 사이에서도 그런 현상이 나타나고 있다. 기후 문제 프로젝트에서는 화석연료 기업 경영진과 환경운동가 사이에 상호 비방이 증가하는 양상을 목도한다. 가족, 팀, 지역사회, 캠퍼스, 정치 운동 내부에서 의견 대립으로 고통받는 친구들의 얘기도 듣는다. 그런데 대부분의 경우에서 차이와 갈등의 실체가 있는 것이 아님에도 많은 사람들이 상대방은 악이고 도덕적 중간 지대는 없으며 진영을 선택해야 한다고 주장한다는 사실이 놀라울 뿐이다. 게다가 온라인과 실생활에서 타인을 '우리'와 '그들'로 분리하는 일도 점점 늘어나고 있다. 상대를 적으로 낙인찍고, 상대 또한 마찬가지다. 이로 인해 분열, 공포, 분노, 폭력의 악순환이 커지고 있다.

차이를 넘어선 협력의 기술

적대시라는 전염병이 한창일 때 마침 베렛-코엘러 출판사에서 이 책의 개정판을 제안해 왔다. 그래서 2024년 6월부터 차이를 넘어선 협력에 대한 새로운 시각을 제시해 줄 수 있는 사람들을 찾아 나섰다. 수십 년 연구해 왔지만, 점점 더 이해하기 어려워지고 있는 주제에 답을 구하기 위해서였다.

이를 위해 2024년 9월에는 파리 고등연구원에서 글쓰기 펠로우십에 참여하며 편안하고, 소중한 시간을 보냈다. 법학, 생명공학, 의학, 인류학, 보건 환경, 사회언어학, 역사학, 정의론, 물 관리 계획 등 다양한 주제를 연구하는 국제적인 학자들이 참여했다. 그들은 학문적이라기보다는 실무적 관점에서 접근하는 **적과의 협력**에 관한 나의 글쓰기 작업이 독특하면서도, 주제가 시의적절하다고 생각했다. 모든 참가자가 자신의 개인적 삶이나 직업적 삶에서 관련된 사례를 곧바로 떠올릴 수 있었기 때문이다.

기대했던 대로 연구원과 파리에서 보내는 동안 새로운 아이디어들을 얻었고, 이를 바탕으로 개정판에 필요한 윤곽을 잡을 수 있었다.[1] 모든 참가자들이 대학촌에 있는 숙소에 머물렀다. 프랑스, 독일, 영국, 미국, 아르헨티나, 멕시코, 모로코, 일본, 캄보디아 등등 세계 각지에서 온 학생과 학자들의 숙소가 여기저기 흩어져 있는 거대한 캠퍼스였다. 끔찍했던 1차 세계대전 이후에 "세계의 젊은이들이 함께 생활하고 공부하는 공간을 만들어 세계 평화에 기여"[2]하도록 건설한 곳이었다. 내가 그곳에 머물 때는 프랑스에서 치열한 대립 속에 전국 선거를 치른 직후였다. 1차 투표에서는 우파 국민전선National Rally이 최다 득표를 했지만, 2차 투표에서는 급조된 좌파 연합 신민중전선New Popular Front에게 패배하고 말았다. 이어서 4만 5천 명의 다양하고 열정적인 자원봉사자들의 지원 속에 파리 올림픽이 개최되며 요란한 통합의 한 달이 지나가고 있었다. 덕분에 나는 사람들이 타인과 맞서면서도 함께하는 협력, 그 오래되고 새로운 대형 이슈들에 둘러싸였다.

이 책의 제목에 당시 참여한 동료들이 나의 사고에 근본적 시각 교정을 해 준 부분이 담겨 있다. 특별해 보였던 '동의하지 않고, 좋아하지 않거나, 신뢰할 수 없는 사람들과의 협력'이 사실은 평범한 것이라는 점이다. 도시역사학자 그루야 바데스쿠Gruia Bǎdescu는 나의 책 제목에 대해 "그건 도시에서 매일 일어나는 일상일 뿐!"이라고 말했고, 나는 그 말이 옳다는 것을 깨달았다. 파리 같은 대도시에서 벌어지는 대부분의 상호 작용, 즉 상점과 식당, 버스와 거리, 일터에서 늘 일어나는 일은 동의하지 않고 좋아하지 않거나 신뢰할 수 없는 다양한 배경을 가진 사람들 사이에서 이뤄지고 있었다. 바데스쿠와 다른 참가자들은 친구와 적의 경계를 넘나드는 수많은 협력의 사례를 제시해 주었다. 키프로스공화국Republic of Cyprus과 북키프로스 터키공화국Turkish Republic of Northern Cyprus 간의 격렬한 분쟁의 와중에 분할된 니코시아Nicosia시에서는 하수도 공동 관리가 이뤄지고 있다. 이탈리아인들은 이민자를 하등으로 취급하면서도 고용한다. 미국에서는 일상적인 갈등을 해결하기 위해 로비, 뇌물, 정치적 논쟁, 다양한 형태의 법정 등 여러 가지 상호보완적 시스템이 작동한다. 전쟁으로 분열된 가자Gaza지구에서도 역사학계의 공동 위원회는 열린다. 콜롬비아에서는 적으로 전쟁을 치렀던 상대가 의회 내의 경쟁자로 바뀌었다. 과거 오스만 제국Ottoman Empire의 영역안에서는 여러 민족 간의 협치가 이루어지고 있다. 러시

아의 고고학자 파벨 루르예Pavel Lurje에게 어떤 방식으로
이런 협력이 가능한지 묻자 그는 아주 간결하게, "실용
적으로"라고 답했다. 사람들은 차이를 넘어 함께 일하
는 수많은 실용적 방법을 발전시켜 왔다. 실용적 질문은
바로 이것이다. 지금 이 특정한 '적'과 협력하는 것이 나
의 목표를 달성하는 데 도움이 될까, 방해가 될까?

우리 그리고 그들

파리에서 나눈 이러한 대화들은 동의하지 않고 좋아하
지 않거나, 신뢰하지 않는 사람들과 어떻게 협력할 것인
가에 대한 유럽의 지적·정치적 논쟁의 역사로 나의 관
심을 이끌었다. 특히 2차 세계대전의 여파 속에서 이러
한 논쟁들이 어떻게 오늘날의 복잡하고 여전한 미완의
과제인 유럽연합EU 출범에 기여했는지를 보게 되었다.

어린 시절 우연히 드라마 같은 한 장의 흑백 사진을
본 적 있다. 1944년 파리 해방 이후, 점령 시절에 독일군
병사들과 관계를 맺었다는 이유로 '부역자'로 지목된 두
명의 여인이 찢어진 옷에 머리는 헝클어진 채 신발도 신

지 못하고 거리 양쪽에 늘어선 사람들의 야유를 받으며 끌려가는 모습이었다.[3] 머리에 각인된 이 이미지를 나는 협력의 두 번째 의미, 즉 '배신을 통한 적과의 협력'을 보여주는 예시로 사용한다. 프랑스 동료들과의 대화 도중에 이 이미지에 대해 '협력'이라는 용어를 쓰지 말라는 요청을 받기도 했다. 비겁한 '부역'의 의미가 더 강하다는 것이다. 내가 연구원에서 발표하는 동안 이 사진을 띄웠을 때는 참여자 중 한 사람이 협력의 양면적 의미를 실감 나게 보여주고 있다고 했는데, 길가 양쪽에 늘어선 사람들이 두 여인을 야유하면서 자신의 이웃들과는 협력하는 모습이라는 의미였다.

이 시기 유럽의 정치철학자들은 하나의 집단이 어떻게 형성되고 다른 집단들과는 어떻게 관계를 맺는지에 관하여 논쟁을 했다. 나치 법학자 칼 슈미트Carl Schmitt는 정치 집단 형성은 본질적으로 친구 대 적의 대립이라고 주장했다. "정치는 서로 적대적으로 대결하는 집단들에 관한 것이다. … 결속의 극한 상태는 다른 집단에 맞서 함께 싸우다 죽겠다는 의지다. 분열의 극한은 단지 적대적 집단의 구성원이라는 이유로 다른 사람을 죽이겠다는 의지다."[4]

이 책의 초판에 대해 동료 자이드 하산Zaid Hassan은 "친구와 적의 범주 설정을 본질로 다루는 이론은 슈미트주의자가 될 위험을 내재하고 있다는 점에서 심각한 문제다"라고 경고했다. 사실 그때는 그의 지적을 이해하지 못했지만, 지금은 인정한다. 사람들을 친구와 적으로 나누는 것은 갈등을 고착화하고 평화를 가로막는다. 슈미트주의의 양극화와 적대시의 강점은 우리 편을 명확히 구분하고 고양시켜, 동원할 수 있다는 점이다. 단점은 관련된 모든 사람이 상황을 단순하게 이해하게 되고 그에 대처하는 방식으로 경직된 행동을 하게 만든다는 점이다. 그로 인해 위기에 대응하는 평화적 방식과 대안을 모색하는 능력이 제한된다. 반대로 탈정치적이고 동질화하는 관점 역시 상황을 파악하고 접근하는 데 부적절하다. '적과의 협력'에 대해 오스트레일리아의 백인 동료들은 "이곳에는 적이 없어요. 우린 모두 친구예요"라고 말하며 반대했지만, 원주민 출신 동료들은 "정착민들이 여러 세기에 걸쳐 우리를 제거하려 했어요"라며 지지했다. 차이를 본질로 보지 않되, 정확하게 인지하고 일할 필요가 있는 것이다.

바데스쿠는 슈미트 이론에 반대했던 독일계 미국인

역사학자이자 철학자 한나 아렌트Hannah Arendt가 도시
생활을 관찰하며 ‘우리’를 이해하는 다원적 방식을 제시
했다고 지적했다. 웬디 풀란Wendy Pullan과 브릿 베일리
Britt Baillie는 다음과 같이 설명한다.

모든 정치적 삶의 근본 현실은 지구상에 거주하는
인간의 다양한 조건에 상응한다. 민족적, 국가적,
종교적인 정체성 갈등의 측면에서 ‘우리’는 개인 또는
개인의 총합으로서의 세계와는 다른 것이다. 또한
너희 진영에 반대하는 우리 진영이라는 대립과도
구별된다. 지나치게 단순한 흑백논리는 충분하지
않다. 다중성이란 차이와 유사성의 상호작용이며,
집단 내부와 집단 간에 무한한 구별이 가능하다는
점에 기인하고 있다. 이것이 인간성의 핵심이다.
한나 아렌트의 다음과 같은 말처럼, “우리는 모두
인간이라는 점에서 동일하다. 그러나 그 누구도
과거에 살았고, 지금 살고 있으며, 앞으로 살아갈 어떤
사람과도 같지 않다”는 것이다. 다중성 그 자체에
대해서는 논란이 있을 수 있다. 그러나 현대 도시의
본질적 속성에 대해 이야기할 때 결코 빠질 수 없는

요소다. 도시가 도시답기 위해서는 바로 이러한 개념에서 바라보아야 한다.[5]

요약하면 우리는 소셜 미디어 알고리즘에 의해 증폭되는 정치적·사회적·인류학적·문화적·신경학적 요인들이 우리를 흑백논리로 강력하게 몰아가는 상황을 마주하고 있다. 동의하지 않고, 좋아하지 않거나, 믿을 수 없는 사람들과 협력하기 위해서는 상황을 면밀하게 파악하여 수많은 회색지대를 구별해 내야만 한다. 이를 바탕으로 만나고 논쟁하고 행동함으로써 우리는 전진을 향한 새로운 길을 찾는, 남아공에서 이뤄 낸, 누군가 농담처럼 말했던 '기적의 선택'과도 같은 실천적 선택을 할 수 있다.

회색지대

적대시는 우리가 동의하지 않고 좋아하지 않거나 신뢰할 수 없는 사람들, 우리가 다르다고 보거나 우리를 다르게 보는 사람들을 모두 적으로 취급한다. 가족부터 조

[그림6] 잠재적 협력자를 바라보는 두 가지 방식

직과 공동체, 국가 및 국제관계에 이르기까지 규모를 막론하고 모든 영역에서 적대시할 수 있다. 가깝게는 친척과 동료부터 멀리 있는 얼굴도 모르는 타인까지, 무례하고 비겁해 보이는 사람부터 우리를 억압하는 시스템에 가담하고 있다고 생각하는 사람이나 우리를 죽일 수도 있다고 생각하는 사람들까지 대상을 가리지 않는다.

그래서 적이라고 생각하는 사람들 모두와 협력해야 한다는 것이 아니라, 우리가 반드시 협력해야 하는 또는 협력해서는 안 되는 사람들 사이에는 단순하고 원칙적이며 경직된 흑과 백의 경계선이 존재하지 않다는 의미다. 친구와 협력하지 않을 때도 있는데, 필요치 않거나 원치 않는 경우다. 적과도 협력해야 할 때가 있다. 갈등을 해결할 필요가 있는 경우다. 우리는 [그림6]의 두 번째 예시처럼 특정한 상황과 계기에서 협력이 필요한 대상을 실용적으로 선택해야 한다. 요점은 우리가 관습적으로 생각하는 것보다 더 많은 사람들과 협력할 수 있다는 것이다.

1993년, 남아공으로 이주한 지 얼마 되지 않아 나는 급진적 흑인 정당인 남아프리카회의Pan Africanist Congress, PAC의 전략 워크숍을 진행한 적이 있다. 그들이 인종 차별적 정부에 대해 무장 투쟁을 고수하고 있을 때였다. 나는 그들의 원칙적이고 비타협적인 입장에 깊은 인상을 받았다. 정치가이자 역사학자인 브라이언 피니Brian Feeney에게 이 일을 얘기하자 그는 이렇게 답했다. "PAC는 IRA(아일랜드 공화군)와 같아요. 아무것도 없는 상태를 100% 선호하죠." 협력해야 할 사람과 해서는 안 되는 사람 사이에 원칙적인 '레드 라인'을 설정하면 우리는 교착 상태에 머물게 된다.

회색지대 탐색하기

회색지대에서 우리는 어떻게 선택하고 앞으로 나아갈 수 있을까? 우리는 어떤 이들과는 협력할 수밖에 없다. 단독으로 누구에게 지시하거나(강행) 지시를 받는 방식(순응)만으로는 많은 일을 해낼 수 없기에, 어떤 일에 대해 누군가와는 협력할 필요가 있다. 그렇다고 모든 일에서 모든 사람과 협력할 수도 없기에, 언제, 무엇을, 누구와 협력할지 선택할 필요가 있다.

무언가 혹은 누군가에 맞서기 위해 협력해야 하는 경우도 자주 있다. 다양성, 차이, 의견 불일치, 복잡성, 모순, 갈등이 만들어 내는 기회와 위험으로 가득한 드넓은 회색지대 안에서 우리는 누구와 협력할지에 대해 수많은 선택지를 가진다. 단순히 친구와 함께하고 적과 대립하는 것보다 훨씬 더 많을 것이다. 우리는 협력이 필요하다고 생각할 경우 특정 분야에서 특정 인물과 협력한다. 필요치 않을 경우, 즉 강행, 순응, 이탈이 더 낫다고 생각할 때는 협력하지 않는다.

내가 지원했던 모든 대규모 협력 프로그램에서 주최자들은 누구를 포함하고 배제할 것인지를 두고 씨름했다. 남아공 몽플뢰르 프로젝트 주최 측은 인종 차별 정책을 지지하는 우파까지 포함해서 모든 주요 정당을 초청하기로 결정했고, 그들 대부분은 이에 응했다. 그 결과에 대해 한 좌파 지도자는 "앞으로 나아갈 길을 찾는 사람들이 전진하기 위한 방식"이라고 표현했다. 5장에서 주로 설명할, 내전 중에 진행한 '데스티노 콜롬비아 Destino Colombia'(콜롬비아의 미래) 프로젝트의 주최 측은 마약 카르텔, 그리고 카르텔과 유착 혐의가 있었던 당시 정부는 배제하고, 일정한 정치 세력을 대표한다고 생각되는 좌우익의 비합법 무장 단체들은 포함하기로 결정했다. 이러한 파격적인 참여의 폭이 프로젝트를 촉진하는 기폭제가 되었다. 나중에 프로젝트 주최 측 관계자는 참가자 선택에서 지나치게 '무균' 처리한 게 프로젝트의 파급력을 제한한 것 같다고 말했다. 손을 더럽힐 각오로 좀 더 폭넓게 스트레치 협력을 했어야 한다는 의미였다.

누구와 협력할 것인가의 문제는 결코 단순하지 않다. 대개 우리는 다른 사람을 제어하기 위해 누군가와 협력한다. 그럴 때 우리가 동의하거나 좋아하거나 신뢰하는 사람들하고만 협력하겠다는 유혹에 빠지곤 한다. 그러다 보면 그 집단이 우리 목표를 성취할 수 있을 정도로 충분히 폭넓고 강력하지 못하다는 사실을 깨닫게 된다.

2020년, 미국의 좌파 이론가와 활동가 그룹을 지원한 적이 있다. 그들은 미국 민주주의의 미래를 위해 승리 전략과 함께 강력한 연대를 구축하고자 했다. 하지만 그들은 자신들의 비좁은 영역에 안주하면서 외부 인사나 다른 입장을 받아들이려 하지 않았다. 결국 대외적으로 아무런 영향력을 행사하지 못하고 끝났다. 기후변화 저지를 위한 가장 큰 규모의 세계적 연대를 이뤄 낸 나이젤 토핑Nigel Topping은 '작은 차이에 집착하는 나르시시즘'이 만들어 내는 걸림돌을 안타까워했다.

협력의 선택에는 누구와 협력할 것인지에 대한 판단이 포함된다. 동의하고, 좋아하고, 신뢰하는 사람들과의 협력은 쉽고 편하다. 그러나 이런 경우에는 아무런 소득이 없는 경우가 많다. 따라서 좋든 싫든 우리와 다른 사람들과 협력을 위해 회색지대를 향해 모험을 감행할 필요가 있다. 자세히 살펴보면 생각보다 협력의 가능성이 무척 크다는 것을 알게 될 것이다.

나의 '협력 지형도' 그리기

이 매뉴얼은 협력의 범위를 넓혀 주고, 잠재적 협력의 가능성을 재검토하며, 평소 기피하던 사람들과 함께 일할 수 있는 실질적 계기를 찾는 데 도움이 될 것이다. 이 질문을 통해 도전적 협력이 생산적이며 혁신적인 방식일 수 있다는 새로운 시각을 얻을 수 있다.

◉ **기존의 습관적 협력 방식에 대해 평가하기**

과거 또는 현재에 주도적으로 또는 중요하게 관여한 협력 사례에 대해 생각해 본다. 다음 유형의 사람들과의 협력 의지에 대해 1(없다)에서 5(매우 있다)까지 점수를 매긴다.

- 유사한 신념과 가치를 가진 사람. ___점
- 다른 신념과 가치를 가진 사람. ___점

- 이전에 한 번도 협력하지 않았던 사람. ___점

- 어떤 이슈에 대해 나와 반대편에 있는 사람. ___점

- 상대하기 어렵다고 추측되는 사람. ___점

- 당신이 강력하게 반대하는 사람. ___점

- 공격적으로 일하거나 소통하는 사람. ___점

- 당신에게 해를 끼칠까 봐 걱정되는 사람. ___점

→ 위의 답변에 대해 성찰하기

- 함께 일하는 데 있어서 어떤 유형의 사람들에게 더 개방적인가?

- 함께 일하는 데 있어서 어떤 유형의 사람들에게 덜 개방적인가?

- 각각의 유형의 사람들과 협력할 때 드는 느낌 또는 감정은 무엇인가? 이러한 느낌 또는 감정에 대한 당신의 몸의 반응 어떠한가?

- 누구와 함께 일할지 선택하는 데 영향을 미치는 조건이 있나? 있다면 무엇인가?

- 당신의 역할이나 배경이 함께 일하는 사람에 대한 선호도에 영향을 미치나? 어떤 식으로 영향을 미치나?

◉ 잠재적 협력자에 대해 평가하기

당신이 추진하고 있는 중요 계획에 대해 생각한다. 계획을 실행하기 위한 협력에서 함께 일하기 꺼려지는 인물 또는 그룹에 대해 떠올려 본다. 그 계획과 사람들을 염두에 두고 다음 질문에 답한다.

- 현재 상황에서 그들의 역할은 무엇인가?

  그들에게는 이 상황에 관여하는 일이 왜 중요한가?

- 계획의 중요성에 비춰볼 때 그들이 기여할 수 있는 가치는 무엇인가?

- 그들이 제공하는 강점이나 기회는 무엇인가?

- 그들과 함께 일하는 데 어렵거나 불편하게 느껴지는 점은 무엇인가?

- 협력이 가능해지기 위해선 어떤 변화(사고방식, 접근법, 지원 등)가 필요한가?

- 그들과 확실하게 효과적으로 협력하는 데 필요한 지원 및 방법은 무엇인가?

아래 사항을 고려하라.

- 앞으로 몇 주 동안 협력을 꺼려 왔던 사람들과 소통하기 위한 간단한 방법은 무엇인가?
- 앞으로 몇 달 동안 그들을 협력으로 끌어들이기 위해 해야 할 노력은 무엇인가?
- 그들의 완전한 참여가 필요한 협력 기회는 무엇인가?

상대 그룹이나 인물과 건설적으로 결합하기 위해 취할 수 있는 행동 한 가지를 선택한다. 그 내용을 적고, 나누고, 꾸준히 시도한다. 이상의 질문들을 되새김으로써, 여러 가정들에 대해 다시 생각하고 지금까지 기피했던 사람들과도 효과적으로 협력하는 능력을 적극적으로 키워 나간다.

3장

어떻게 협력할 것인가

사랑·권력·정의를
조화롭게 활용해 협력하기

협력은 세 가지 동기의 조합을 통해 이루어진다. 이 세 가지는 보편적이며 동시에 상호보완적이다. 첫 번째는 참가자들이 함께 모여 단결하려는 동기, 두 번째는 참가자가 자신의 필요를 충족시키려는 동기, 세 번째는 참가자들이 서로 좋은 관계를 유지하려는 동기다. 나는 이 세 가지 동기를 **사랑·권력·정의**라고 부른다. 우리 대부분은 이들 중 하나 또는 두 가지에 좀 더 익숙하다. 따라서 이를 선호하고 의존하지만, 협력을 하려면 세 가지 모두가 필요하다.

사랑과 권력과 정의를 바탕으로 함께할 수 없다면, 협력을 성공적으로 이룰 수 없다. 그 결과 강행, 순응, 이탈에 의존하게 된다. 이와 같은 협력의 근본적인 이론과 실천 원리를 파악하고 규명하기 위해 30년의 세월이 걸렸다.[1] 나는 이에 대해 《포용의 리더십Power and Love》에서 부분적으로 밝혔고 《돌파구 빨리 찾기Facilitating Breakthrough》와 《시스템을 바꾸는 일상의 습관Everyday Habits for Transforming Systems》에서 진전된 내용을 제시했다. 이제 이 책에서 '실행 매뉴얼'을 제공하며 완결판을 보여 주고자 한다. 이를 통해 협력이 작동하는 핵심 원리를 이해하고 활용할 수 있다. 나는 다양한 방식으로 혼란스럽게 쓰이고 있는 사랑·권력·정의라는 일상용어를 사용할 것이다. 그 개념을 정확하게 정의하기만 한다면(내가 3장에서 하려는 것처럼), 협력과 그 작동 방식의 본질을 설명할 수 있기 때문이다. **그렇다면 협력의 현장에서 사랑·권력·정의를 어떻게 활용할 것인가?**

황폐화된 사회 재건하기

협력의 본질을 이해하고 규명하기 위한 나의 여행은 1998년 과테말라의 한 워크숍에서 있었던 1분간의 침묵에서 시작한다. 당시의 극적인 순간을 계기로 사랑·권력·정의가 성공적인 협력을 위해 왜, 어떻게 필요한 것인지 점차 깨닫게 되었다.

1960년 이후로 과테말라 우파 정부는 좌파 반군과 내란을 벌이고 있었다. UN은 진상 조사를 통해, 정부의 의도적이고 체계적인 원주민 공동체 파괴 행위가 집단학살이라는 결론을 내렸다. 1996년에는 전쟁 당사자들이 평화 협정에 서명했고, 그로부터 2년 후 내가 진행했던 워크숍은 과테말라 사회가 극심한 분열을 넘어 각계각층의 지도자들이 함께하게 된 시발점이 되었다. 정부 각료, 전직 군 장성과 게릴라군 지도자들, 기업가, 언론인, 청년, 원주민 등이 협정을 이행하기 위한 방법을 찾고자 모였다.

워크숍 셋째 날 아침, 가톨릭교회 인권조사관 로날드 오차에타Ronalth Ochaeta는 전쟁 중 학살로 인해 만들어진 집단 매장지 발굴 현장을 시찰했던 이야기를 해 주었다. 무덤의 흙을 걷어 내자 수많은 작은 뼈들이 드러났고, 발굴 작업을 감독하던 법의학자에게 까닭을 묻자 당시 임산부들도 학살되었으며 작은 뼈들은 태아의 것이라고 답했다는 것이다. 오차에타의 이야기를 들은 워크숍 참가자들은 한동안 깊은 침묵에 빠졌다. 잠시 휴식을 취한 뒤 모임을 계속했다. 이후 몇 년 동안 그 모임 참가자들은 수많은 사안에 대해 다양한 형태로 협력했다. 네 번의 대통령 선거운동을 같이 한 것을 포함하여 과거사 진상규명 위원회, 재정협약 위원회, 평화협정 이행감시 위원회 등에 관여했다. 지방자치 추진 전략, 빈곤퇴치 전략, 새로운 대학 커리큘럼 개발을 함께 진행했다. 국가적 대화에서 파생된 여섯 차례의 토의를 진행하기도 했다. 이러한 노력을 통해 강력한 반대 세력들에 맞서 과테말라의 불안정하며 더디고 취약한 개혁 작업에 일정한 기여를 했다.

2000년에 MIT 연구팀이 이 단체를 인터뷰한 적이 있다. 몇몇 구성원들은 당시 있었던 1분간의 침묵을 언급하며 이를 계기로 협력을 위해 무엇을 해야 할 것인지 영감을 얻었다고 설명했다. "그 이야기를 하면서 오차에타의 목소리에는 아무런 혐오의 느낌이 없었어요. 차분하고 고요하며 진지했죠. 그 덕분에 적어도 1분은 되었을 침묵의 시간이 이어졌고, 우리 모두에게 굉장하고 감동적인 경험이었어요. 누구에게든 물어보면 마치 장중하고 거대한 성찬식 같았다고 답할 거예요." 또 다른 구성원은 이렇게 말했다. "오차에타의 이야기를 듣고 나서, 일어났던 모든 일을 가슴으로 이해하고 느낄 수 있었습니다. 그리고 그런 일이 다시는 일어나지 않도록 우리가 반드시 싸워야 한다는 생각이 들었습니다."[2] 가톨릭 국가인 과테말라에서 '성찬식'의 의미는 그들 모두 한 몸의 일부가 되는 체험을 했다는 것이다. 오차에타의 이야기를 통해 그들은 서로 아주 깊게, 그들이 처한 상황과 각자가 해야 할 일에 대해서까지 깊게 연결되었던 것이다.

사랑은 분열을 통합하는 동력

과테말라 사례는 나에게 큰 울림을 주었고 협력에 관한 초기 이론 작업에 중심이 되었다. 나는 오차에타의 이야기 뒤에 이어진 침묵이 사랑의 전형적 표현이라고 해석했다. 여기서 신학자 폴 틸리히Paul Tillich의 1954년 저서 《사랑, 힘 그리고 정의》에서 제시한 사랑의 정의를 차용했다. 그는 사랑이 '분열을 통합하는 동력'이라고 설파했다.[3] (이 정의는 흔히 통용되는 낭만적인 사랑의 의미와 연관은 있지만 결코 같지는 않다.) 이 정의를 사용하는 이유는 과테말라와 그 밖의 장소에서 내가 겪었던 경험, 즉 협력이란 참가자들이 자신들과 그들이 대표하는 시스템의 조각들을 더 큰 전체로 통합하고자 갈망하는 과정이라는 점을 정확히 표현하기 때문이다. 이런 관점에서 볼 때 사랑은 조각난 것을 하나의 전체로 만들거나 그런 것처럼 보이게 하는 동력이다. 즉 우리 모두는 보다 큰 전체 중의 일부라는 현실의 발현이며 공동체와 그 구성원을 통해 스스로를 표출하는 것이다. 과테말라의 워크숍에서 사랑은 폭력으로 찢어진 국가와 사회라는 직물을 다시 꿰매고자 하는 지도자들의 의지와 동력으로 드러났다. 사랑은 모든 것에 대한 해독제다.

참가자들의 만남, 대화, 경청, 나눔, 단결 등에 사랑이 결부되어 있는 것만큼이나 협력에는 항상 사랑이 개입되기 마련이다. 모임 진행자로 일하는 로라 체신Laura Chasin에게 교감의 순간에 대한 이야기를 해주자 그녀는 말했다.

당신 얘기를 들으니 남편이 끔찍한 사고를 당했을 때 깨달았던 것이 떠오르네요. 호수에서 수영하고 있었는데 모터보트가 그이를 덮쳤죠. 스크루에 다리가 찢겨 깊은 상처가 났어요. 급하게 병원으로 갔죠.
그런데 의사 말이, 상처가 너무 커서 봉합할 수가
없다는 거예요. 소독하고 말리는 거 말고는 할 수
있는 게 없었어요. 의사가 그래요. "상처 양쪽 끝이
서로 붙을 겁니다. 그렇게 합쳐져서 아물 거예요."
당신과 내가 나눈 대화도 그에 관한 이야기 같아요.
그 워크숍 참가자들과 그들이 속한 인간의 시스템이란
것이 전체로서 하나가 되기를 원하는 것 같습니다.
진행자로서 우리 역할은 단지 깨끗하고 편안한
공간과 분위기를 만드는 데 도움을 주는 거라고 할 수
있겠네요. 그러면 치유가 이루어질 테니까요.

우리는 사랑으로 일해야 하지만, 그게 그렇게 단순한 문
제가 아니다. 사랑이 '분열을 통합하는 동력'이라면, 과
연 다시 합쳐지는 전체는 무엇일까? 우리는 사랑에 의
해 추동되기도 하지만, 무엇을 다시 합쳐야 하는가에 대
해서는 서로 다르게 이해하고 있는 경우가 많다. 일반적
으로 가족이나 이웃, 조직 같은 작은 규모의 전체 집단
을 하나로 묶는 데 초점을 맞춘다. '전체'라는 개념은 우
주적 의미에서 존재할 뿐 실제로는 없는 것이다. 시인

레너드 코헨Leonard Cohen의 말대로 "저 높은 곳에서 보면 하나지만, 우리 사는 이곳에선 둘"인 것이다.[4]

협력은 사랑으로 이루어져야 한다. 사랑을 무시하는 것은 무언가를 이루기 위해, 나아가 생존을 위해서는 함께 일해야 하는 상호의존적 존재라는 현실을 외면하는 것과 같다. 사랑과 결속을 부정하거나 기피하는 것은 소외와 적대를 낳는다. 그러나 사랑과 결속에만 집중하고 권력과 정의를 외면한다면 감상에 빠져 무기력해질 수 있다. 심하게는 냉소적으로 현상 유지에 매몰될 수도 있다. 주로 사랑에 집중하며 '필요한 건 사랑뿐'이라고 말하는 사람들이 있다. 권력과 사랑이 모두 필요하다는 나의 주장을 '권력에 대한 사랑'으로 오해하는 사람들도 있다. 나는 이 두 가지 태도 모두 치명적으로 불완전하다고 생각한다. 사랑 없는 또는 사랑만 있는 협력은 제대로 이뤄질 수 없다.

권력은 자기실현의 동력

과테말라에서 한 팀을 이루었다가 친구가 된 클라라 아

레나스Clara Arenas는 연구자이자 활동가로서, 내전 당시 위험에 빠진 공동체를 지원하기 위해 용기 있게 나서기도 했던 인물이다. 2008년, 첫 워크숍 이후 10년 만에 과테말라에서 만났을 때 그녀는 내가 글에서 강조했던 대화, 결속, 사랑에 대해 의문을 제기했다. "지난주 제가 속한 시민단체연대에서 주요 신문 전면 광고를 통해 더 이상 정부와의 대화에 참여하지 않겠다고 선언한 사실을 알고 있나요? 정부가 대화 참여의 전제 조건으로 우리의 거리 행진과 시위를 중단하라는 요구를 했어요. 하지만 시위는 우리의 힘과 의지를 천명하기 위한 주요한 방법이에요. 그 권력을 포기하면서까지 대화할 생각은 없어요."

아레나스와의 대화는 사랑과 함께 권력에 대한 관심으로 나의 이론을 확장하는 계기가 되었다. 이 부분에 대해서도 틸리히의 정의가 내가 이해하고자 했던 현상을 정확하게 표현하고 있다. 그는 권력을 "모든 살아있는 것들이 점점 더 강하고 넓게 자기 자신을 실현하려는 동력"[5]이라고 정의했다. 이런 의미에서 권력은 자신의 목적을 이루기 위한 동력, 즉 '~하려는 힘'이다. 이는 '게릴라 가드너'들이 도심의 빈터에 씨앗을 심을 때 활용하는 바로 그 힘이다. 그들은 씨앗이 스스로를 실현하여 녹지 공간을 만들어 내려는 그 동력을 믿고 의지하는 것이다.

이러한 정의는 권력을 **지배하려는 힘**으로 보는 일반적 이해와는 다르다. 정치학자 스티븐 룩스Steven Lukes는 1974년 출간된 저서 《권력이란 무엇인가》에서 권력과 지배를 동일시했으나 30년 후에 다음과 같이 견해를 수정했다. "'B의 이익에 반하는 방식으로 A가 B에게 영향을 미치려 할 때 A가 B에게 행사하는 힘'이라고 권력을 정의한 것은 오류였다. 지배력으로서의 권력은 단지 하나의 유형일 뿐이다."[6] 즉 지배하려는 힘은 무엇을 하려는 권력의 부차적 차원이라는 것이다.

그렇다면 협력은 참가자들의 결속에 대한 열망뿐만 아니라 자기실현 의지에 의해서도 추동되는 것이다. 권력은 우리들 각각(개인, 팀, 조직, 공동체, 국가)이 그 자체로 하나의 전체라는 실재에서 비롯된다. 또한 정체성, 목표, 야망, 행위 등으로 표현된다. 아레나스의 이야기에서 권력은 정부와 시민단체 모두에게 자신들의 이익을 주장하고 지키기 위한 동력이었다. 틸리히 저작에 대해 박사 논문을 쓴 민권운동 지도자 마틴 루터 킹 주니어Martin Luther King Jr.의 연설문을 읽으며 권력과 사랑의 상호보완성에 대해 이해하게 되었다. 그는 이렇게 말했다.

> 제대로 이해하면 권력은 목표를 실현하는 능력일
> 뿐이다. 사회적·정치적·경제적 변화를 가져오는 데
> 필요한 힘이다. 역사에 있어서 가장 큰 문제 중에
> 하나는 사랑과 권력의 개념이 양극으로 대립되어
> 왔다는 점이다. 그래서 사랑은 권력의 포기로,
> 권력은 사랑의 부정으로 인식되어 왔다. 이제 이것을
> 바로잡아야 한다. 우리가 깨달아야 할 점은 사랑 없는
> 권력은 무모하게 남용될 뿐이고, 권력 없는 사랑은
> 감상적이고 무기력할 뿐이라는 것이다. 정확하게
> 설명하면 부도덕한 권력과 무기력한 도덕성의 충돌이
> 우리 시대 위기의 주요 구성 요소다.[7]

권력, 즉 무언가를 **이루기 위한** 힘, 동료와 **함께하기 위한** 힘, 기득권과 그것을 유지하려는 자들과 **맞서기 위한** 힘(때로는 변화하도록 강제하기 위해 그들을 **지배하기 위한** 힘)을 쓰는 데 협력이 꼭 필요한 것만큼이나, 협력에

도 권력이 꼭 필요하다. 우리 각각이 생동하는 행위자로서의 자기 완결성을 주장하는 과정에서 협력은 권력을 활용한다. 또한 개인적, 집단적 영향력을 강화하기 위해 각각이 기여하는 다양한 유형의 자산(에너지, 권위, 자금, 기술, 무기, 아이디어, 추종자 등)을 인정하고 결합하는 데 있어서도 협력은 권력을 활용한다.

권력을 활용하여 일해야 하지만, 이 또한 단순한 문제가 아니다. 우리 모두는 권력에 의해 추동되지만, 어떤 권력이 쓰여야 하는지에 대한 이해는 서로 다르다. 대개 우리는 우리 자신 또는 가족이나 조직, 집단이 가진 힘에 초점을 맞춘다. 협력할 때 경쟁과 갈등이 발생하는 것은 예외적인 게 아니라 통상적인 일이다. 따라서 협력은 협상의 과정이기도 하다. 1981년에 나온 협상에 관한 책 《YES를 이끌어내는 협상법》은 협상 참가자들의 입장 자체보다 그들의 이익과 필요 그리고 그들의 권력에 초점을 맞췄다는 점에서 획기적이었다.[8] 협력은 권력을 활용해 이루어져야 한다. 권력이라는 요소를 배제하는 것은 자기실현, 자기중심성, 자기 이익이라는 명백한 일상의 현실을 무시하는 것이다. 권력과 그 작용을 부정하거나 회피하면 무기력과 복지부동을 낳는다. 이러한 현실이 대부분의 세상사를 추동하는 요소라고 생각하는 사람들은 권력에 몰두하게 된다. 하지만 사랑과 정의를 배제하고 권력에만 집중하면 무모함과 남용, 심하면 집단 학살 같은 정치적 사태에 이르게 된다. 협력은 권력 없이 또는 권력만으로 작동할 수 없다.

정의는 사랑과 권력을 가능하게 하는 구조

나는 권력과 사랑의 상호보완성에 대한 생각을 아레나스와 공유했고, 그녀는 이렇게 답했다.

> 권력과 사랑의 균형을 통해 모두 만족스럽게 상황을
> 개선할 수 있다고 보는 당신의 비전에서 어느 정도
> 순진함이 느껴지네요. 과연 그게 가능하겠어요?
> 과테말라처럼 불균형과 불평등이 만연한 상황에서
> 사회의 특정 집단, 그러니까 권력을 가진 집단이겠죠.
> 그 집단이 불만을 가지지 않으면서 빈곤을 근본적으로
> 뿌리 뽑는 게 가능하겠습니까? 그들의 경제적 이익이
> 직접적으로 타격을 받을 테니까요. 균형 또는 모두의

만족은 이론의 세계에서는 가능할지 모르지만, 커다란
불평등이 존재하는 현실 정치의 장으로 내려오면
이야기가 달라진다고 생각합니다.

아레나스가 협력의 세 번째 요건인 정의에 대해 말했다
는 것을 이제야 깨닫는다. 틸리히는 정의를 '존재의 힘
이 스스로 활성화하는 형태 … 그리고 사랑을 통해 그
일을 수행하는 방식'이라고 규정한다.[9] 이는 협력 참가
자들의 권력과 사랑(즉 자기실현의 욕구와 서로 결합하려
는 욕구)이 모두 발현되려면 이들이 협력의 형식과 구조
가 충분히 공정하고 정의롭다고 생각해야 한다는 의미
다. 즉 누가 참여하는지, 권력의 차이를 어떻게 다룰 것
인지에 관한 의사 결정 방식이 공정하다고 생각해야 한
다. 아레나스의 말대로 정의가 없는 권력과 사랑은 균형
과 조화를 이룰 수 없다.

정의는 우리 모두가 서로 연결되어 있다는 현실에서
비롯된다. 연대와 상호성으로 확인할 수 있다. 즉 대접
받고 싶은 만큼 남을 대접하라는 황금률이다. 협력은 여
러 전체를 하나의 전체로 통합하는 것이므로 하나이자
동시에 다수인 상태를 의미한다. 아들 앨런의 결혼식에

서 나는 아들과 며느리 올리비아와 축배를 들며 그들이 하나가 되면서도 동시에 제대로 된 두 사람이 되기를 바란다고 말했다. 하나와 다수가 함께 전진하려면 관계가 건강하고 공정해야 한다.

우리는 정의롭게 일해야 하지만, 쉬운 일이 아니다. 정의를 추구하지만 정의를 평가하는 방법, 누가 부당하게 대우받고 있는지에 대한 생각은 비교할 수 없을 정도로 다른 경우가 많다. 대개 우리는 자신이 피해를 보고 있다고 생각한다. 그런데 현실의 구조 속에서 이익을 얻는 사람들이 자신의 권력, 지위, 특권을 위해 버틴다면 그 구조를 공정하게 만들기는 어려운 일이다.

가족, 공동체, 조직, 국가 등 어떤 환경에서의 협력이든 정의와 함께 이루어져야 한다. 정의를 무시하는 태도는 참가자들이 불공정한 대우를 받는다고 느끼면 협력하지 않는다는 현실을 외면하는 것이다. 그들은 협력하는 데 자신의 동력을 보태지 않거나, 오히려 협업을 방해하는 데 쓸 것이다. 정의와 상호의존성을 부정하거나 회피하면, 일방적 편향과 배제를 낳는다. 불의에 분노하는 사람들은 주로 정의에 집중하기 마련이다. 그러나 정의에 몰두한 나머지 사랑과 권력을 무시하면 냉혹함과

불모성을 낳는다. 정의 없이 작동하는 협력 또는 오직
정의에 의해서만 작동하는 협력은 결코 성공할 수 없다.

사랑·권력·정의로 일하기 위한 선택

앞에서 인용했던 킹 목사의 연설은 이렇게 이어진다.
"권력의 최선은 정의의 요구를 실현하는 사랑이고, 정
의의 최선은 사랑에 반하는 모든 요소들을 바로잡는 권
력이다."[10] 킹은 사회적 진보를 실현하기 위해서는 사
랑·권력·정의가 모두 필요하다고 생각했다. 나는 성공
적인 협력을 실현하는 것에도 세 가지의 요소가 모두 필
요하다고 생각한다.

　협력의 '실행 매뉴얼' 표지에는 굵은 글씨로 이렇게
써야 할 것이다. '사랑과 권력 그리고 정의로 진행되지
않는 협력은 작동할 수 없다.' 앞서 말했듯 하나라는 소
속감에만 집중하면 감상과 무기력에 빠지고, 권력의 행
사에만 몰두하면 무모함과 남용에 빠지며, 공정한 상호
이익에만 집중하면 경직과 불모의 상태에 빠지게 된다.
우리 대부분은 셋 중에 하나 또는 두 개에 대해서만 편

안함을 느끼고 그것에만 의존하기 쉽다. 그러나 성공적인 협력을 원한다면 세 가지 요소를 모두 활용해야만 한다. 세 개의 동력은 서로 영구적인 긴장 관계여서 순탄하게 안정적으로 조화를 이루지 못한다. 따라서 생산적 균형을 이루기 위해서는 강점만을 활용하거나 상대적으로 강한 요소를 약화시키는 것만으로는 부족하다. 약한 요소를 강화할 필요가 있다는 것이다. (이에 대해서는 6장에서 자세히 설명한다.) 협력은 울퉁불퉁한 길에서 자전거를 탈 때처럼 계속 균형을 잡아야만 하는 역동적인 춤 같은 것이다. 적대시로부터 벗어나 동의하지 않거나 좋아하지 않거나 신뢰하지 않는 사람들과 함께 협력하기 위해서는 사랑과 권력 그리고 정의로 일하겠다는 선택을 해야만 한다.

사랑·권력·정의 사이에서 균형 찾기

협력은 사랑과 권력 그리고 정의를 활용할 때 제대로 이루어진다. 협력을 위한 접근 방식을 수립하는 데 있어서 우리 모두 일정한 편향을 가지고 있는데, 그것이 때로는 도움이 되기도 하지만 대부분은 제약이 된다. 아래의 질문들은 당신이 가지고 있는 편향을 알아보고, 협력에 있어 방해물이 무엇이었는지 성찰하며, 세 가지 요소를 모두 결합하여 활용하는 방법을 찾는 데 도움 될 것이다.

◉ **어려운 상황에서 당신의 습관적인 접근 방식 평가하기**

힘든 상황에서 타인과 협력할 때 각각의 요소를 얼마나 자주 사용하는지에 대해 1점(거의 사용 안 함)에서 5점(자주 사용함) 척도로 평가한다.

· 일체감, 즉 '하나'로서 함께 행동하는 일(사랑)에

집중한다. ___점

- 영향력·기여도·효과, 즉 우리가 각자 필요한 것을
  얻는 일(권력)에 집중한다. ___점

- 공정성·형평성·상호성(정의)에 집중한다. ___점

→ 응답에 대해 살펴보기

- 세 가지 중 우선하는 방식이 무엇인가? 그 방식에
  가치를 부여하는 이유, 즉 그 방식에서 마음에 드는
  점은 무엇인가?

- 선택하지 않을, 불편하게 여기는 방식은 무엇인가?
  그 방식이 어렵게 느껴지는 이유는 무엇인가?

- 각 방식에 대해 드는 감정은 무엇인가?

- 당신의 접근 방식에 영향을 미치는 상황이 있나?
  있다면 무엇인가?

- 당신의 역할이나 배경이 당신의 행동 방식에
  영향을 미치는가? 그렇다면 어떤 방식으로 영향을
  미치는가?

◉ 어려운 협력에 대해 살펴보기

중요한 위기 상황에서 협력하기 꺼려졌던 그룹을 떠올

린다. 피하게 되거나 긴장감이 느껴지는 사람들일 수도
있다. 그들을 염두에 두고 아래 질문에 답한다.

- 그러한 협력에서 당신에게 가장 활력을 준 동력은
  세 가지(사랑·권력·정의)중 무엇인가? 그 접근 방식이
  중요하게 느껴지는 이유는 무엇인가?
- 그 사람 또는 그룹에 대한 관점을 형성(또는
  왜곡)하는 데 사랑·권력·정의가 어떻게 작용했는가?
- 그들이 너무 권위적이라고 보는가? 너무
  감상적이라고 보는가? 너무 경직되었다고 보는가?
  너무 해롭거나, 불공정하거나, 부주의하다고
  보는가?

→ 균형 찾기

사랑·권력·정의 중에서 가장 어려운 요소를 고르고,
특정 인물 또는 그룹과의 다음 교류에서 활용할 수
있는 구체적 행동 한 가지를 떠올려 본다.

- 사랑을 지나치게 우선시하고 있다면, 권력(자기주장)
  이나 정의(공정성)를 어떻게 제기할 수 있는가?

- 권력에 지나치게 의존하고 있다면, 사랑(연대)이나
  정의(공정성)를 어떻게 강화할 수 있는가?
- 정의에 지나치게 초점을 맞추고 있다면,
  권력(자기주장)이나 사랑(연대)을 어떻게 좀 더
  반영할 수 있는가?

● NEXT STEP

아래의 질문을 고려하자.

- 사랑·권력·정의를 의식하여 역동적으로 활용하는
  태도(하나의 요소에 초점을 맞추되 다른 요소들도
  반영하는)는 평소에 기피하던 사람들과 협력할 수
  있는 능력에 어떠한 변화를 줄 수 있는가?

이에 대한 당신의 답이 다음 단계에서 길잡이가 될 것이
다. 협력에서는 미세한 조정이 큰 변화를 가져온다.

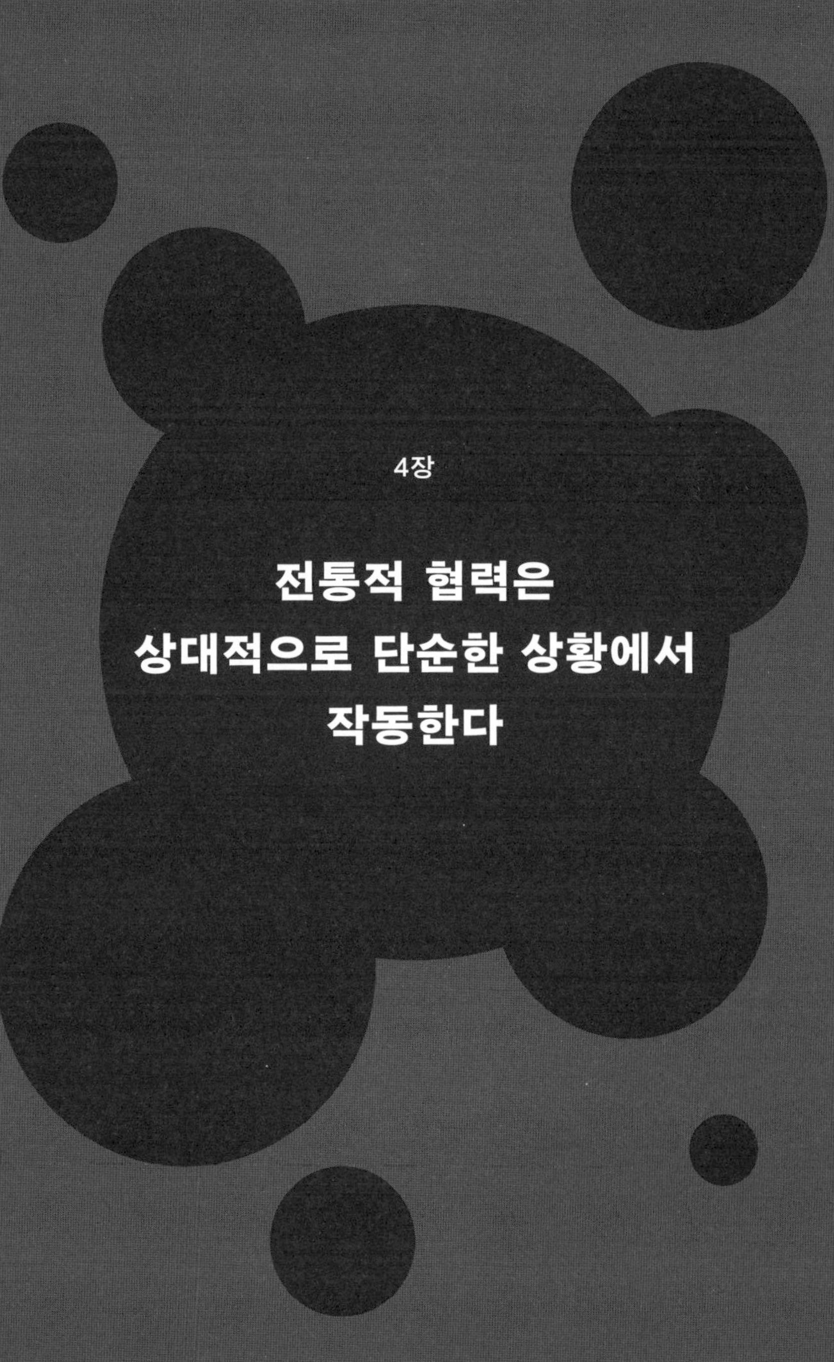
4장

전통적 협력은
상대적으로 단순한 상황에서
작동한다

4장의 전통적 협력과 5장의 스트레치 협력에 대한 내용은 이 책의 핵심이라고 할 수 있다. 다양한 상황에서 차이를 넘어선 협력을 효과적으로 실행할 수 있는 상호보완적 방법들이다. 우리는 이 두 가지를 모두 활용해야 하며, 각각을 언제 사용할지 선택할 수 있어야 한다.

전통적 협력은 대부분의 협력이 이루어지는 방식이자(항상 잘되거나 성공하는 것은 아니지만), 많은 사람이 협력이란 마땅히 그래야 한다고 생각하는 방식이다. 갈등과 복잡성이 낮거나 낮출 수 있는 활동들로 협력의 폭을 좁히거나 기대치를 제한한다. 협력 참가자의 범위도 각자의 이익보다 팀을 우선하는 사람들로 국한한다. 이러한 제한이 가능한 상황에서는 적합하다. 즉 전통적 협력은 지휘자가 있는 오케스트라와 같다. 개인의 참여가 조화를 이루며 성과를 내고, 계획에 따라 실행하며, 누가 무엇을 할지 지시한다. **구체적으로 어떤 상황에서 전통적 협력을 활용할 수 있을까?**

톱다운 방식의 좋은 점

2024년 11월, 아랍에미리트(UAE)의 두바이에서 개최된 한 콘퍼런스에 초청받았다. 이 책에 관한 인터뷰를 위해 행사 몇 주 전에 그곳에 가기로 결정했다. 걷잡을 수 없이 번져 가는 전쟁의 한복판에 있는 지역에서 '적과의 협력'에 대해 질문하는 시간이 설레기도 하고 긴장되기도 했다. 방문에서 특정한 성과를 기대하지는 않았지만 새로운 시각을 얻을 수도 있겠다는 기대를 하고 있었고, 생각대로였다. 전통적 협력을 새로운 방식으로 이해하는 계기가 되었다.

두바이에 대해 내가 알고 있는 바는 지난 50여 년 동안 주로 이민을 통해 35배나 인구가 늘어나며 눈부신

성장을 하고 있다는 점이었다. 가장 붐비는 국제공항, 방문객이 가장 많은 쇼핑몰, 세계에서 가장 높은 고층 건물이 있는 곳이었다. 두바이는 저명한 스타트업의 허브이자, IT 기반의 스마트시티이며, 실내 스키 리조트가 있고 야자수 모양으로 조성된 인공섬에는 고급 주택이 즐비했다. 나는 '두바이 미래 재단'Dubai Future Foundation의 초청을 받았는데, 두바이의 통치자인 무함마드 빈 라시드 알 막툼Mohammed bin Rashid al Maktoum이 "미래는 그것을 상상하고, 설계하고, 실행하는 자의 것이다. 미래는 기다리는 것이 아니라 스스로 창조하는 것이다."라고 선언하며 설립한 재단이었다. 재단 산하 미래박물관 건물 표면에는 이 명구의 캘리그라피가 첨단 자기장 기술을 활용해 환상적으로 조각되어 있었다.

두바이 인구의 90%는 세계 각국에서 모여든 외국인이라는 사실은 이미 알고 있었다. 묵었던 호텔 수영장에서는 전신을 가린 니캅과 아바야를 입은 여성과 비키니 차림의 여성을 함께 볼 수 있었다. 진부한 관찰일 수도 있겠지만, 다녀 본 그 어느 곳보다 차이를 넘어선 공존이 평화롭게 이뤄지는 본보기 같은 모습이었다. 인근 아부다비에서는 최근 건립된 아브라함 센터Abrahamic

Family House를 방문했는데, 그곳에는 정확히 같은 크기의 이슬람 사원, 개신교 교회, 그리고 유대교 회당이 들어서 있었다. UAE에는 '관용공존부Ministry of Tolerance and Coexistence'라는 정부부처까지 있다. 어떻게 그토록 다양한 구성의 사람들이 어우러져 함께 살면서 수많은 성과를 거두고 있는지 궁금하지 않을 수 없었다.

하루는 로봇 연구소의 인터뷰 일정을 잡은 적이 있었다. 시작을 기다리는 동안 연구소장인 칼리파 알 카마Khalifa Al Qama가 내게 견학을 제안했다. 물리학과 학생 시절 전자공학 실험실에서 즐겁게 일했던 기억이 떠올라 첨단 시설을 둘러볼 생각에 설레었다. 알 카마에게 두바이 사람들이 어떻게 차이를 넘어 협력할 수 있는지 질문했다. 그는 연구실에서 일하고 있는 엔지니어 팀을 향해 팔을 휘저으며 말했다. "여기서 일하고 있는 사람들의 출신 국가를 모두 다 말하기는 힘들겠네요." 그가 UAE를 비롯한 다른 아랍인들, 이스라엘, 이란, 인도, 중국, 러시아, 미국, 그리고 유럽 각국을 망라한 도저히 섞일 수 없는 조합에 대해 말하고 싶어한다는 생각이 들었다. "각자의 기술적 기여에 대해 서로 존중하며 세세한 간섭 없이 모두 자기 일을 할 수 있는 공간과 자유, 그리고 무언가 이루어 가고 있다는 낙관주의가 핵심입니다."

이 짧은 대화를 통해 나는 예전에 목격하기는 했지만 주목하지는 않았던 협력 방식에 대해 새삼 인식하게 되었다. 정말 다양한 분야의 엔지니어들이 복잡한 프로젝트를 수행하기 위해 자신들의 에너지와 기량(즉 '기술적 기여')을 합쳐 가고 있었다. 또한 그들은 좋은 보수를 받으며 시설이 잘 갖춰진 첨단 도시에서 가족과 함께 생활하고 있었다. UAE 국적이 아닌 사람들은 영주권이나 시민권을 받지 않아도 직장과 연계된 거주 허가를 받았고, 그 제한된 조건 속에서도 충분한 기회를 누리고 있었다. 그들이 직장에서 정치적이거나 개인적 대화를 나누지는 않을 것 같다는 생각이 들었는데, 모두들 전문성과 관련 없는 각자의 정체성과 의견은 문밖에 두고 연구실에 들어오는 듯하였기 때문이다.

이런 협력 방식이 어디에서 유래한 것인지 알 카마에게 물었다. "'각자 살아가게 내버려두라'가 두바이 방식이라고 멘토 한 분이 말해 주었죠. 수백 년 동안 이곳이 무역 중심지였기 때문에 그런 것 같아요." 그의 답이었다. 스스로를 상인으로 생각하는 두바이 사람들의 이야기를 여러 번 들었고 매우 의미 있게 다가왔다. 상인들은 낯선 사람들과의 거래에 열려 있다. 동의하거나 좋아하지 않아도 거래를 계속 할 수 있다는 신뢰만 있으면 되는데, 그들에게 중요한 것은 서로에게 이익이 되는 거래를 성사시키는 일이기 때문이다. UAE 국민이나 외국인을 가리지 않고 두바이에서 만나는 모든 사람에게 차이를 넘어서는 협력에 대해 같은 질문을 했다. 그리고 계속해서 똑같은 답을 들었다. 재능 있고 열심히 일하는 사람들이 전 세계에서 두바이로 모여들고 있고, 그들은 자신의 나라에 있는 것보다 좋은 생활을 누리고 안정감을 느끼고 있다. 국가는 취업 허가, 음주운전, 혼외자 출산, 정치적 반대 등에 대해 매우 엄격한 규정을 두고 이를 위반하면 가혹한 처벌을 한다. 정부와 기업은 담대한 프로젝트를 추진하면서 그에 대한 착수와 중단을 톱다운 방식으로 매우 신속하게 결정한다.

하루는 뉴욕대학교 아부다비 캠퍼스에서 열린 '포용성, 다양성, 소속감, 형평성, 접근성·접근가능성'에 관한 워크숍에 참석했다. 이 주제에 대해 UAE에서는 어떻게 접근하는지 궁금했고, 대부분 무슬림 여성으로 구성된 모임에 유대인 남성인 내가 어떻게 어우러질 수 있는지 알고 싶기도 했다. 워크숍에서는 서로 다른 종교와 문화, 그리고 국적을 가진 사람들이 일하는 직장 환경을 어떻게 더 포용적으로 만들 수 있는지에 대한 논의가 집중적으로 이루어졌는데, 북미에서 참여했던 비슷한 행사에 비해 매우 실감 나는 사례들이 거론되었다. 아부다비에서 일하고 있는 한 아프리카 출신 미국 여성과 이야기를 나누었는데, 그녀는 미국에 살 때보다 이곳에서 훨씬 더 편안함을 느낀다고 말했다. 자신과 가족 모두 경찰을 포함한 타인들로부터 더 큰 존중을 받고 있기 때문이라고 했다. 비록 가사 노동자로 오해받기도 했던 인도계 동료의 경험은 또 달랐다는 점을 덧붙였지만 말이다. 안전, 조화, 관용, 공정이라는 가장 기본적인 요소를 강조하면서 차이를 안고 함께하는 방식이 깊이 기억에 남았다.

전통적 협력의 모습

UAE에서 받은 인상을 통해 나는 차이를 넘어선 협력에 대한 새로운 시각을 갖게 되었다. 특히 전통적 협력을 가능하게 하는 요인들에 관한 관점이 근본적으로 바뀌었다. 이러한 변화를 반영한 수정을 통해 이 책에서 밝히는 기본적 메시지 중 하나는, 서론에서 언급했던 협력의 중심적 과제, 즉 필요한 협력과 가능한 협력 사이 간극을 최소화하는 방법이 하나가 아니라 둘이라는 점이다.

이 책 초판에서 그동안 작업했던 다양한 이해관계자 사이의 연합에 특히 집중하느라 "전통적이고 제약이 많은 협력 방식은 무용지물이 되고 있다"라고 썼다. 하지만 지금은 그 생각이 잘못된 판단이었음을 인정한다. 전통적 협력 방식에 한계가 있고 특정한 상황에서는 이뤄지지 않을 수 있지만, 다른 수많은 상황에서는 제대로 이뤄지고 있기 때문이다. 사람들은 여전히 이 방식을 주요한 협력 방식으로 이해하고 실행하고 있는 것이다.

전통적 협력은 제대로 한다면, 폭넓게 적용할 수 있는 가치 있는 방식이다. UAE에서의 경험을 통해 전통적 협력의 특성과 장점을 보다 명확하게 이해할 수 있었지만, 이 방식이 UAE에서만 쓰이는 것은 아니다. 또한 UAE에서 이 방식만 쓰는 것도 아니다. 전통적 협력은 로봇 연구팀이나 음악회 무대, 운동 경기, 가족, 기업, 정부 또는 NGO 등의 수많은 '팀'에서 실행되는 방식처럼 잘 작동하는 팀워크와 같다. 지휘자가 있는 오케스트라, 집도의가 있는 수술실, 감독이 있는 축구팀, 가부장이 있는 씨족 사회, CEO가 있는 기업, 통치자가 있는 국가처럼 범위와 한계가 명확하고 지시하는 지도자가 있는 어떤 집단에서든 이뤄질 수 있다. 수많은 상황에서 전통적 협력은 함께 생활하고 업무를 하는 데 있어서 익숙하고 믿을 만한 방식이다. 사람에 따라 이를 편안하고 당연하게 여길 수도 있고, 제약과 억압으로 느낄 수도 있다.

최선이 차선의 적이 되지 않도록

돌이켜보면 초기 교육과 업무 경험을 통해 전통적 협력의 기본 원리를 배운 것 같다. 1979년, 나는 고향 몬트리올에 있는 맥길대학교에서 물리학 학부 과정을 시작했다. 수학 문제를 풀며 저녁 시간을 보내는 일이 즐거웠고 시험에서는 만점을 받았다. 시험 전에 교과서에 나오는 모든 문제를 풀어 봤기 때문이다. 1981년 여름, 핵전쟁 같은 거대한 문제를 다루는 과학자들의 국제 콘퍼런스에 참가할 기회가 있었다. 그곳에서 군축협약 준수를 감시하기 위해서는 위성보다 항공기를 사용해야 한다는, 나름대로 논리적이기는 하지만 순진한 논문을 작성했었다. 나의 논문을 평가한 지도교수는 난생처음 보는 문장 하나를 써주었다. "최선이 차선의 적이 되지 않도록 하라." 단 하나의 정답만 있는 것이 아니라는 교수의 지적에 나는 무척 놀랐다.

이 콘퍼런스에서 나는 에너지 생산의 환경문제에 관한 발표를 들었고, 이 중요한 공적 사안에 매력을 느껴 연구에 뛰어들기로 했다. 그리하여 1982년, 캘리포니아 대학교 버클리 캠퍼스에서 에너지 및 자원학 석사 과정을 시작했다. 그곳은 복잡한 정책 이슈들을 이성적으로 평가하도록 학생들을 훈련하는 곳이었다. 석사 논문은 설탕 원료 알코올을 가솔린 대체 연료로 사용하는 브라질 정부의 계획이 경제성이 없다는 것을 입증하는 것이었다. 그 후 미국, 프랑스, 오스트리아, 일본 등지에서 단기 연구원으로 일했다. 이 시절에 주어진 연구 과제는 한 가지, 복잡한 사안에 대해 최적의 정책 대안을 모색하는 일이었다.

1986년, 버클리를 졸업한 이후 북부 캘리포니아의 에너지 기업인 퍼시픽가스앤드일렉트릭Pacific Gas & Electric

에 기획 조정 담당으로 취업했다. 경영진의 질문에 신속 간결하게 답하는 일이 핵심 업무였다. 한번은 경영진의 전략 기획 회의에 참석한 적이 있었는데, 나와 동료들이 준비한 분석 자료가 아니라 자신들의 습관과 권력 다툼에 따라 결정을 내리는 모습을 보고 충격을 받기도 했다.

1988년, 스물일곱이 되던 해에 런던에 있는 셸Shell의 글로벌 기획부서에 들어갔다. 이 시절 가장 자주 듣던 평가는 똑똑하지만 건방지다는 것이었는데, 그쯤은 감수할 만하다고 생각했다. 사실 셸의 직원들에 대한 일반적 평가였기에 오히려 나에게 딱 맞는 회사라는 생각이 들기도 했다. 셸의 기획부서는 회사 내부 직원과 외부 싱크탱크에서 선발한 우수한 인재들로 구성되어 있었는데, 경영진이 새로운 사업의 위험과 기회 요인이 될 수 있는 세계적 변화에 주목하도록 하는 일이 주요 업무였다. 몇 달에 걸쳐 계속해서 전 세계의 동향을 파악한 뒤 회사가 주목해야 할 사안과 그 의미에 대해 토론하고 가능한 미래 시나리오를 짜는 방식으로 일했다. 사무실 창밖으로 영국 의회 의사당 건물이 내려다보였고, 우리가 마치 의원들처럼 격렬하지만 이성적인 토론을 통해 최선의 답을 찾고 있다고 상상하곤 했다. 그즈음에는 난제를 푸는 방법을 알고 있다고 자신했다. 내가 훈련 과정과 상사들과 밀접한 위치에 있었던 업무를 통해 체화한 모델에는 세 가지 단계가 있었다.

① 스마트한 사람들이 문제의 해법을 생각하고 실행 계획을 수립한다
② 권한 있는 사람들이 이 계획을 승인한다
③ 권한 있는 사람들이 부하들에게 계획을 실행하도록 지시한다

이 모든 것이 명확하고 합리적인 것처럼 보였다. 내가 책임졌던 보다 단순한 조직과 프로젝트를 운영하는 데 대부분 이 방식을 활용했다. 각 팀마다 목표와 과제, 역할과 범위(누가 무엇을 어디까지 할 것인지), 시간 계획, 그리고 결정권자를 명확하게 설정하는 일에 집중했다. 이러한 방식을 통해 대부분 잘 돌아갔다.

합의된 지시와 평면적 관계

전통적 협력의 중요한 특징은 위계를 가진다는 점이다. 팀이나 조직 전체가 구성원보다 우선이다. 협력 참가자들은 때로는 기꺼이 혹은 마지못해 적응하고 복속한다. 이 방식은 참가자들 각각을 하나의 전체로 보기보다 협력 체계 전체에 맞춰져야 하는 부품(인적 자원)으로 취급한다는 점에서 평면적이다. 참가자 각각은 깊은 차이가 있고 일치하지 않을 수 있지만 개인 공간에서 팀 공간으로 들어갈 때는 업무와 관련 없는 모든 것을 문밖에 두고 가야 한다. 마치 1994년에 미군 내부에서 성소수자에 대해 "묻지 않고 말하지 않는다"는 방침을 채택했던 것과 같다. 위계의 각 단계마다 상사는 그 팀의 업무 수행과 상태에 대한 책임을 져야 한다. 그 책임을 수행하는 한 가지 방법은 필요할 때 권한을 행사하여 부하들이 할 일에 대해 지시 내리는 것이다.

전통적 협력에서 협력 참가자들에 대한 위계적 통제는 작업에 대한 위계적 통제와 쌍을 이룬다. 전통적 협력 방식이 모든 기술적 문제에 대해 최상의 해법을 가지고 있는 경우에는, 명쾌하거나 복잡한 상황 모두에 적용

될 수 있다.[1] 이 방식은 협력 업무와 참가자들 사이에서 벌어지는 사안을 관리할 수 있는 권위와 전문성에 근거한다. 성과 창출을 위한 라인 작업, 그리고 문제와 해법은 무엇인지, 그 해법의 실행 방안은 무엇인지, 실행을 위해 누가 무엇을 할 것인지에 대한 합의와 그에 근거한 지시를 통해 이루어지는 것이다.

전통적 협력 방식이 제대로 작동하면 혼란과 갈등, 복잡성이 감소한다. 전 세계의 다양한 조직들의 직원과 컨설턴트로 활동하면서 가장 많이 접한 방식이다. 나 역시 개인과 직업적 삶에서 갈등과 복잡성을 줄이려고 애썼으므로 대부분 이 방식을 활용했다. 이 책의 집필 과정에서 수백 명의 검토를 받았지만 최종 편집 결정은 모두 내가 직접 했다. 익숙하고 단순하며 확실하기 때문에 가장 널리 사용되고 있는 기본적 협력 방식이다.

단일한 위계가 주는 안정감

메이어 칸Meyer Kahn은 남아공의 저명한 사업가로 SA브루어리를 창업하여 세계 2위의 맥주 회사로 키워 냈으며, "단순함을 유지하라"는 말을 입에 달고 사는 것으로 유명했다. 1997년, 넬슨 만델라 대통령은 그를 혼란에 빠져 있던 남아공 경찰청SAPS의 수장으로 임명했고, 임기는 2년이었다. 그즈음 그를 인터뷰했는데, SAPS를 효과적으로 운영하는 것이 얼마나 힘든지 한탄하며 예를 하나 들었다. 바로 자신이 국가 경찰청장과 안전보안부 장관 두 명의 상사에게 보고해야 한다는 것이었다. 그는 이렇게 농담조로 말했다. "나는 하나만 믿어요. 신도 하나, 아내도 하나, 상사도 하나."

앞서 언급했듯이 전통적 협력 방식은 갈등과 복잡성이 낮거나 그렇게 만들 수 있는, 즉 상대적으로 단순한 상황에서 제대로 작동한다. 동의하지 않고, 좋아하지 않거나, 신뢰하지 않는 다양한 참가자들 사이에서도 작동할 수는 있지만, 기꺼이 협력에 동참하고 자신을 종속시키겠다고 하는 경우에만 그렇다. 칸은 새롭게 개편된 공공 영역인 SAPS보다 민간 영역인 SA브루어리에서 이 방법을 좀 더 성공적으로 활용할 수 있었다. 전통적 협력의 '실행 매뉴얼'은 사랑·권력·정의라는 단순하고 안정적이며 경계가 분명한 표현을 종합적으로 선택할 수 있는 방법을 다음의 [그림7]과 같이 설명한다.

구 분	전통적 협력	스트레치 협력
사랑의 작동	참가자들이 협력에 적응하기를 기대	참가자들의 소속감을 고취
권력의 작동	참가자들을 종속시키는 팀워크에 집중: 위계적 조직화	참가자들의 자율성과 대표성을 인정: 수평적 조직화
정의의 작동	안전성과 공정성을 위한 협력을 구조화	형평성과 상호성을 위한 협력을 구조화

[그림7] 전통적 협력을 실행하기

협력에 필요한 참가자들의 **사랑**, 즉 단결은 각각의 참가자가 협력 체계에 적응하거나 승복함으로써 이루어진다. 여기에는 각자 역할 수행에 있어서 자신을 어느 정도로 투여할지에 대한 자발적 설정(즉, '조직에 적합한 사람'이 되는 것)도 포함된다. 모든 참가자의 **권력**, 즉 자기실현은 각각의 참가자가 팀 내에서 자기 역할을 통해 전체적인 협력의 위력을 창출하기 위해 정렬되고 조화를 이룬다. 참가자의 독립적 행동과 반대의 범위는 일을 하는 데 필요한 수준으로 제한된다. 효율적인 협력에 요구되는 관계 형성에 있어서 **정의** 또는 구조는 각 참가자의 권리와 주장을 일정하게 제한하더라도 공정하게 대우함(양질의 일자리)으로써 이루어진다.

전통적 협력에서 팀원들 사이의 갈등과 적대감을 다룰 때 하는 말의 핵심은 이렇다. "여러분에겐 해야 할 일이 있다. 상관없는 문제들은 밖에 두고 와, 팀원이 되어 일하라." 전통적 방식은 사랑·권력·정의라는 단순한 표현을 통합함으로써 협력을 향해 나아간다. 그러나 조직을 관리해 본 사람이라면 그러한 통합이 결코 쉽거나 단순하지 않다는 점을 알 것이다. 사랑(전체 협력에서 모든 참가자의 부분성), 권력(모든 참가자 각각의 전체성), 정의(참가자 사이의 관계성)가 신중한 방식으로 조화를 이루어야 하기 때문이다. 끊임없이 균형을 잃어버리기에, 재조정을 위한 행동이 필요하다. 또한 확장을 위한 선택도 필요하다. 한번은 네덜란드에서 '임시 관리자'들에게 이러한 과제에 대해 설명한 적이 있는데, 이들은 특별 프로젝트 수행을 위해 조직에 임시 투입되거나 휴가를 떠난 관리자를 대체하는 사람들이다. 내가 관리자 업무의 핵심과 전체에 대해 위와 같은 설명을 하자 그중 한 사람이 이렇게 말했다. "그게 우리가 매일 하는 일의 전부입니다!"

전통적 협력은 보편적이고 안정적이며, 많은 사람에게 합리적이고 매력적인 방식이다. 그러나 이를 받아들이지 않는 사람들도 있다. 단순 적응을 꺼리거나, 자기 몫만 하거나, 권리의 제한을 받아들이고 싶지 않은 것이다.

전통적 협력이 통하지 않는 경우

전통적 협력은 특정한 한계 내에서만 작동한다. 오케스트라처럼 참가자들이 대개 하나로 움직이고, 계획을 따르며, 지시 받은 대로 행동하는, 갈등이 적고 복잡성의 정도가 낮은 상황에서만 유효하다. 그러나 그러한 관리와 통제의 한계를 넘어서는 상황에서는 전통적 협력은 제대로 작동하지 않는다. 몇 년 전 네덜란드 정부부처의 관리자와 함께 프로젝트를 수행한 적이 있다. 그의 직원들이 우리가 합의한 일을 하지 않았기에, 나는 그에게 왜 그들에게 지시하지 않는지 물었다. 그러자 그는 "그런 방식이 여기서는 더 이상 통하지 않아요"라고 답했다. 전통적 방식대로 프로젝트를 수행하려던 나의 계획은 그 상황에 맞지 않았던 것이다. 사실 나의 가족도 똑같은 교훈을 나에게 끊임없이 일깨우고 있었다. 교훈이라 함은, 모든 상황에서 지시가 통하는 것은 아니라는 것이다.

UAE에서 대화를 나누던 중에도 그와 같은 한계에 관한 이야기를 들은 적이 있다. 국민은 좀 더 많은 자유와 민주주의를, 외국인은 더 큰 대표성과 권리를 원하고 있어서 사회적 복잡성이 점점 커지고 있다는 얘기였다. 경제적 복잡성으로 인해 톱다운 방식의 지시와 통제도 점점 어려워지고 있다고도 하였다. 나의 동료 야니스 크리소스토미디스Yiannis Chrysostomidis는 그가 아부다비에서 진행하고 있던 프로젝트를 설명하면서 나의 오케스트라의 비유를 좀 더 폭넓게 적용한 예를 들었다.

나는 우리 고객을 분야를 넘어서는 협력을 하는
'오케스트라 책임자'라고 묘사합니다. 여기서
오케스트라 책임자는 톱다운 방식의 계획자나
지시자를 의미하지 않습니다. 지휘와 통제보다는
조율과 통일성을 추구하고, 다양한 참가자들이 지침을
나눌 수 있도록 하는 역할, 흐름을 만들고 촉진하는
역할을 하는 거죠. 밴 젠더Ben Zander의 책《가능성의
예술The Art of Possibility》에서 지휘자의 역할에 대해

영감을 얻을 수 있어요. 그는 지휘자는 지시하는 사람이 아니라 다른 사람이 빛날 수 있도록 돕는 사람이라고 설명했죠. 이러한 프레임이 우리가 하고 있는 일과 같이 복잡성에 적응하는 시스템을 만드는 협력에 좀 더 부합한다고 생각해요.

다른 지역과 마찬가지로 UAE에서도 특정한 상황에서는 전통적 협력이 이루어질 수 있지만, 다른 상황에서는 스트레치 협력이 필요하다. 통제와 관리가 가능한 조직과 시스템 범위를 넘어서는 경우 전통적 협력은 제대로 작동할 수 없다.

다른 조직이나, 공동체, 사회, 그리고 우리에게 영향을 미치는 자연환경까지, 우리 조직 밖에서 벌어지는 일에 대해서는 '외부 효과'로 치부하고 이에 대해서는 강행, 순응 또는 이탈을 선택하게 된다. 또는 스트레치 협력을 시도해 볼 수도 있다. UAE의 무역과 투자 분야의 최고위 관리는 자신의 권한 밖에 있는 다른 나라들과의 제휴 방식에 대해 다소 장난스럽게 이런 말을 했다. "2024년 한 해 동안 우리 대통령이 중국, 인도, 러시아, 미국을 국빈 자격으로 방문했습니다. 우리의 실용주의적 접근 덕에 생산적 관계를 구축할 수 있었죠. 우리는 모든 사람을 선과 악으로 나누는 서양식 '도덕적 잣대'를 가지고 있지 않습니다." UAE는 외부와의 관계에서 스트레치 협력을 활용하고 있는 것이다.

이 사례는 전통적 협력과 스트레치 협력을 통합할 수 있다는 것을 보여 준다. 즉 팔을 양쪽으로 활짝 벌린 'T'자 모양과 같다고 할 수 있는데, 개별적인 팀(조직이든 국가든)의 범위와 울타리 안에서는 전통적 협력과 스트레치 협력을 구사하고, 울타리 밖에서는 스트레치 협력을 추구하는 것이다.

언제 전통적 협력을 사용할 것인가

전통적 협력은 갈등이 적고 복잡성의 정도가 낮은 상황에서 효과적이고, 둘 다 또는 둘 중에 하나라도 큰 상황에서는 그렇지 않다. 그렇다면 당신의 상황에서, 전통적 협력을 구사할 수 있는 경우는 언제일까?

전통적 협력을 위한
전략적 자가 진단

협력을 원하는 경우(또는 수행 중에 있는 경우) 다음 질문에 대해 깊이 생각한다. 정답이나 오답은 없으며, 당신이 처한 상황에 대한 계획과 접근 방식의 실마리를 찾는 과정이다.

- 차이와 불일치를 어느 정도로 쉽게 관리하거나 접근할 수 있을 것이라고 기대하고 있는가?
- 지금의 작업이 문제와 해법을 어느 정도로 명확하게 다루고 있다고 보고 있는가?
- 협력 참가자들이 '적응하기'를 어느 정도로 주요한 참여의 방식으로 받아들이고 있다고 보는가?
- 협력 참가자들이 어느 정도로 자기 본분에 충실하게 역할 수행을 할 것이라고 기대하고 있는가?

- 적절한 처우 수준을 평가할 때 공정성은 어느 정도 비중을 차지하고 있는가?

→ 답변한 내용 다시 살펴보기

- 전통적 협력이 당신의 계획에 어떤 방식으로 도움이 될 것인가? 그 방식의 한계는 무엇인가?

전통적 협력을 선택한다면,

- 리더십은 어떻게 구성할 것인가?
- 의사 결정 과정은 어떻게 할 것인가? 누가 참여할 것인가?
- 팀 내의 의견 불일치와 갈등은 어떻게 해결할 것인가?
- 계획의 목표와 과제는 어떻게 설정할 것인가?
- 목표와 과제를 달성하기 위한 전략 개발 과정을 어떻게 이뤄 낼 것인가?
- 전문성과 권위는 업무를 이끄는 데 있어 어떤 역할을 할 것인가?
- 학습과 적응은 업무에서 어떤 역할을 할 것인가?

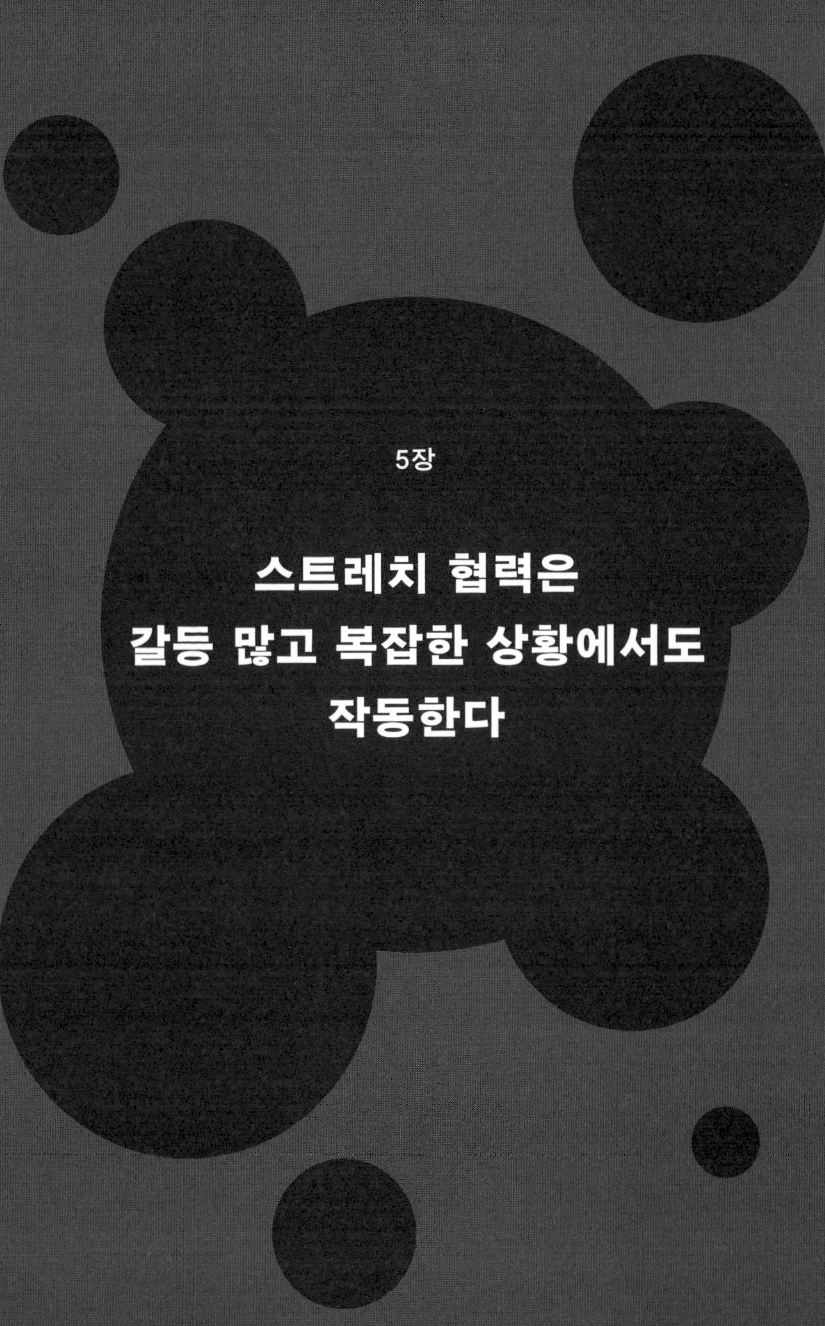

5장

스트레치 협력은
갈등 많고 복잡한 상황에서도
작동한다

스트레치 협력은 전통적인 방식이 아니기에, 많은 사람이 이 방법으로는 큰 성과를 거둘 수 없거나 심지어 불가능하다고 생각한다. 사실은 그렇지 않은데 말이다. 스트레치 협력은 가능한 일이며, 갈등이 심하거나 복잡한 상황에도 협력할 수 있도록 한다. 협력과 협력 참가자를 좁게 설정해야 한다는 가정에서 벗어나 동의하지 않고, 좋아하지 않으며, 신뢰할 수 없는 사람들과의 협력 기회를 제공해 주는 것이다. 가족이나 공동체 또는 환경 생태계가 뒤죽박죽인 것처럼 보여도 함께 어우러져 돌아가는 것과 같다. 단결이나 조화, 현안과 미래에 대한 공동의 이해는 단일한 지도자가 없어도 가능하다. 전통적 협력을 보완해 주는 의미 있는 방식이라고 할 수 있다. 다만 편안한 환경을 넘어서까지 협력을 확대해야 하므로 기회와 함께 위기도 더 커질 수밖에 없다. **그렇다면 어떤 경우에 스트레치 협력을 해야 할까?**

서로 동의하지 않아도 함께할 수 있다

1991년 몽플뢰르의 경험을 통해 나는 스트레치 협력의 첫 번째 윤곽을 그릴 수 있었다. 그때는 마치 어두운 밤에 번개가 쳐서 순간적으로 주위가 밝아지는 것처럼 낯선 느낌이 들기도 했다. 그러나 그로부터 5년이 지나 콜롬비아 내전 한복판에서 스트레치 협력의 방식이 내가 이전에 배운 전통적 방식과 어떻게 다른지, 어떻게 작동하는 것인지 비로소 명확하게 알게 되었는데, 이 특별했던 이야기를 전하고자 한다. 우리의 가정, 이웃, 그리고 직장 같은 보다 평범한 상황에서도 이 새로운 방식이 똑같이 적용될 수 있음을 분명히 일깨우기 때문이다.

1995년, 내가 콜롬비아를 처음 방문했을 때 그곳은 수십 년에 걸쳐 세계에서 가장 폭력적인 갈등상태에 놓

여 있었다. 군대와 경찰, 두 개의 좌파 게릴라군, 무장한
우파 자경단원, 마약 거래상, 갱단들이 뒤엉켜 무력 충
돌이 이어지고 있었다. 이로 인해 수십만 명이 목숨을
잃고 수백만 명이 집을 떠나야 했다. 내가 가기 얼마 전
후안 마누엘 산토스라는 젊은 정치인이 남아공을 방문
해 자신의 영웅이었던 넬슨 만델라를 만났고, 그로부터
몽플뢰르 프로젝트에 관한 얘기를 듣게 되었다. 산토스
는 이러한 협력의 방식이 콜롬비아의 갈등을 풀어 나가
는 데 도움이 될 거라고 생각했고, 귀국 후에 기업가 마
누엘 호세 카르바얄Manuel José Carvajal과 상의해서 그 가능
성을 타진하기 위한 모임을 보고타에서 개최하기로 했
다. 그 모임에서 나의 경험을 얘기해 달라며 나를 초대
했던 것이다.

이 모임에는 군 장성, 정치인, 대학교수, 기업인 등이
참여했다. 콜롬비아 무장 혁명군FARC의 몇몇 지도자들
도 산속 은거지에서 무전을 통해 참가했다. 참가자들은
이질적 집단이 모인 것 자체만으로도 흥분하면서 긴장
하는 것 같았다. 그들 대부분은 서로를 적으로 여기는
사이였다. 공산당 소속 시의원이었던 로사 아벨라Rosa
Abella는 건너편 방에 있던 우파 자경단 지도자를 보고는

산토스에게 다그쳤다. "정말 내가 저 사람과 마주 앉기를 바라는 건가요? 나를 다섯 번이나 죽이려 했던 자예요!" 산토스는 이렇게 답했다. "맞아요. 그런데 여섯 번째 시도를 하지 못하게 하려고 당신을 여기에 초대한 겁니다." 이 모임 참석자들은 소위 데스티노 콜롬비아를 개최하기로 합의했다.[1] 마치 갈등의 축소판처럼 각 세력을 대표하는 42명으로 조직위원회를 구성했다. 군 장교와 게릴라, 자경단 지도자, 정치인과 활동가, 기업인과 노조 지도자, 지주와 농민, 학자와 언론인, 그리고 청년들까지 각계 인사를 망라했다.

이들은 콜롬비아 제2의 도시 메데인Medellín 외곽에 있는 숙소에서 네 달 동안 세 차례에 걸쳐 총 열흘에 달하는 모임을 가졌다. 나는 이 워크숍의 퍼실리테이터(진행 중재자)로 참여했다. 비합법 무장 게릴라인 FARC와 그보다 규모가 작은 민족해방군ELN 등 좌파 계열의 두 조직이 모두 참여했다. 정부에서는 안전한 워크숍 참여와 통행을 보장하겠다고 했지만, 그들은 위험하다고 판단하며 마다했고 결국 전화로 참여하기로 했다. 최고 보안 교도소에 수감되어 있던 정치범 3명과 코스타리카 망명지에 있던 1명도 전화로 참여했다.

많은 사람이 게릴라와 대화하는 시간이 처음이었고, 발언 때문에 보복당하지 않을까 두려워하고 있었다. 회의장에 설치된 2개의 스피커폰을 통해 대화하는 방식이었다. 사람들은 스피커폰 옆을 지나갈 때도 가까이 가기 겁이 났는지 일부러 거리를 두고 돌아서 갔다. 그런 공포 분위기에 대해 게릴라들에게 얘기해 주자 그들 중 한 사람이 회의장의 소우주가 바깥의 대우주를 반영하는 것일 뿐이라고 말했다. "카헤인 선생, 그 회의실에 있는 사람들이 겁을 먹는 게 뭐가 놀랍죠? 지금 온 나라가 겁에 질려 있습니다!" 그리고는 회의 중에 나오는 어떤 얘기라도 그것을 빌미로 사람을 죽이지 않겠다고 약속했다. 그 후로는 휴식 시간에 몇몇 사람들이 커피잔을 들고 스피커폰 쪽으로 와서 게릴라들과 수다를 떨기 시작했다.

회의에는 극좌파인 콜롬비아 공산당의 사무총장 하이메 카이세도Jaime Caicedo와 이반 두케Iván Duque라는 가명을 쓰는 극우파 무장단체인 콜롬비아 연합자위대AUC의 지도자가 참석하고 있었다. 어느 날 밤 카이세도와 두케는 퇴역 장군인 후안 살세도Juan Salcedo와 함께 밤 늦게까지 기타를 치고 술을 마시며 이야기를 나누었다. 다음날 아침 회의 시간이 되었는데 카세이도가 보이지 않았다. 사람들에게 그가 어디 있는지 물었다. 그에게 무슨 일이 있었는지를 두고 사람들이 농담조로 얘기했다. 누군가 "장군이 시켜서 노래를 하던데"라고 말하자, 두케는 "마지막으로 본 건 나지" 하고 덧붙였다. 그가 살해당한 것은 아닌지 걱정이 되었다. 몇 분 뒤 그가 회의장 안으로 걸어 들어오는 모습을 보고서야 비로소 안심할 수 있었는데, 그저 늦잠을 잤던 것뿐이었다.

몇 년이 지나 이 이야기의 후일담이자 완결편을 듣게 되었다. 두케는 자신의 상관이자 AUC의 악명 높은 수장인 카를로스 카스타뇨Carlos Castaño를 만나러 정글로 찾아갔다고 한다. 카스타뇨는 흥분한 목소리로 AUC의 전사들이 그들의 숙적인 카이세도의 위치를 파악하고 암살하러 가고 있다고 두케에게 말해 주었다. 두케는 카이세도를 살려 달라고 애원하면서 카스타뇨에게 워크숍에서 있었던 이야기를 들려주며 말했다고 한다. "그를 죽이면 안 돼요. 우리는 데스티노 콜롬비아라는 팀에서 함께하고 있습니다!" 논란 끝에 카스타뇨는 암살 계획을 철회했다. 이 이야기가 협력의 획기적 가능성을 보여 주는 사례라고 해석한다. 생사가 걸린 상황에서 카스타뇨와 맞서려면 두케로서는 카이세도와의 관계 그리고 그에 대해 자신이 어떤 입장을 견지해야 하는지에 대해 일대 전환이 필요했을 것이다.

워크숍이 진행되면서 참가자들의 두려움도 누그러졌고 보다 솔직한 얘기를 나눌 수 있게 되었다. 기업가 세사르 데 하르트César De Hart는 자신이 게릴라와의 분쟁을 직접 겪었으며, 그들을 전혀 신뢰하지 않고, 군사적 대처만이 평화를 위한 최선의 방법이라고 믿는다고 말했다. 그로서는 용기를 내야 하는 발언이었다. 게릴라들로부터 직접적으로 위협을 당할 수 있을 뿐만 아니라 평화적 해결이 가능하다고 믿는 다른 사람들의 기대에도 어긋나는 얘기였기 때문이다. 그러나 그는 기꺼이 열린 자세로 그런 상황을 감수했다. 모임의 관계가 그 정도 발언은 아무 파열음 없이 받아들일 수 있을 정도로 다져졌던 것이다. 더 나아가 데 하르트가 자신의 생각과 감정을 정확하게 밝히자 회의장을 가득 채우고 있던 개념적·정서적 혼란의 안개가 걷혔고, 비로소 불신의 실체와 그로 인해 갈등이 격화될 수 있다는 점을 명확하게 바라볼 수 있게 되었다.

세 번째 워크숍을 마친 뒤 참가자들을 네 개의 시나리오에 대해 합의했다. 첫 번째 시나리오 "해가 뜨면 보게 될 것이다"는 콜롬비아가 위기 극복에 실패하고 현실에 그대로 머무를 경우 닥치게 될 혼란에 대한 경고의 의미였다. (1장에서 설명했던 선택지들 중에 순응에 해당하는 시나리오다.) 두 번째는 "덤불 속 새 두 마리보다 손 안에 한 마리가 낫다"로, 정부와 게릴라 사이의 톱다운 방식의 협상 타결에 관한 이야기이다. (전통적 협력에 해당한다.) 세 번째 시나리오 "돌격 앞으로!"는 데 하르트의 주장대로 정부가 게릴라들을 군사적으로 진압하고 국가를 안정시킨다는 내용이다. (강행에 해당한다.) 네 번째는 "단결이 힘이다"로, 상호존중과 보다 큰 협력을 위해 국민 의식을 상향식으로 전환해 가는 내용이다. (스트레치 협력에 해당한다.) 참가자들이 갈등 해결을 위한 최선의 방책 또는 실현 가능성이 높은 것이 무엇인지에 대한 합의에는 이르지 못했기 때문에 논의한 내용을 정리하여 신문과 방송, 전국적으로 열리는 각종 모임을 통해 차이를 극복할 수 있는 선택 가능한 대안으로 제안했다.

데스티노 콜롬비아가 일단락된 이후 콜롬비아 동료들은 다양한 이해관계자들을 모아 여러 후속 작업을 진행했고, 나에게 공동 주관을 맡겼다. 어떤 모임에서는 한 정치인이 특정 사안에 대해 합의를 요구하자 이를 두고 입씨름이 벌어졌다. 그 시점에서는 어떤 합의든 불가능하다고 판단했던 나는 합의 없이 진행하자고 제안했고, 그들은 그 말에 따랐다. 놀라운 일은 회의가 끝날 무렵이 되자 그때까지 아무런 합의가 없었음에도 몇 가지 계획을 함께 추진하기로 결정했다는 것이다. 다음 날 나로서는 수수께끼 같았던 이 일에 대해 전직 대학교수이자 보고타 시장인 안타나스 모쿠스Antanas Mockus에게 얘기해 주었다. 그는 "원칙에 대한 합의, 심지어 논의조차 필요 없는 경우가 종종 있죠. 콜롬비아 의회에서는 의원들이 투표할 때 굳이 이유를 설명할 필요가 없어요. 가장 굳건한 합의는 서로 다른 주체들이 각자 다른 이유로 동의하는 겁니다"라고 답했다. 이제 나는 커다란 의견 불일치가 있는 사람들도 어떤 중요한 사안에 대해서는 함께할 수 있다는 점을 이해하게 되었다. 한 국가의 의회, 조직이나 공동체, 가족에서도 복잡한 사안에 함께 대처하는 것은 사람들이 생각하는 것처럼 그렇게 벽이 높지 않다. 해결책이 무엇인지, 심지어 문제가 무엇인지에 대해서도 합의할 필요가 없으며, 서로 좋아하거나 신뢰할 필요도 없다.

그때의 시나리오들과 그것을 도출했던 특별한 과정

이 이후 수십 년 동안 콜롬비아 사람들이 자신들이 해야 할 일과 할 수 있는 일에 대해 논의할 때 시금석처럼 쓰이는 모습을 보며 나로서는 큰 보람을 느낀다. 그 시나리오들은 오랜 세월 동안 그들의 나라에서 벌어졌던 여러 가지 상황들을 설명할 수 있기 때문에, 처한 상황을 이해하는 틀로 계속 쓰이고 있다. 2010년 산토스가 콜롬비아 대통령으로 선출되었다. 그는 "단결이 힘이다"를 정부 정책의 실천 지침으로 정했다.

2016년, 마침내 산토스는 FARC와 평화 협정을 체결했고, ELN과의 협상을 시작했다. 그리고 이 공로로 노벨 평화상을 수상했다. 수상식이 열리던 날, 그의 공식 웹사이트에는 20년 전 그와 내가 함께 조직했던 첫 모임을 평가하는 글이 올라왔다. "우리나라가 평화를 향해 가는 데 있어서 가장 의미 있는 사건이다."[2] 산토스가 우리의 작업을 인정해 준 것은 기뻤지만, 그 오랜 시간이 흐른 뒤에 언급할 정도로 강력한 경험이었는지 의아하기도 했다. 사실 그동안 수십 차례의 지역 단위 협상, 산토스가 직접 지휘했던 전국에 걸친 대규모 군사 작전, 정부와 FARC 사이에 진행된 몇 년간의 협상 등 갈등 해결을 위한 더 큰 노력들이 수없이 이어져 왔기 때문이다.

　몇 달 후 나는 보고타에서 산토스 대통령과 공개 인터뷰를 하며 그에게 왜 데스티노 콜롬비아를 언급했는지 물어봤다. 그는 이렇게 답했다. "그 프로젝트를 자주 언급합니다. 성장 과정에서 배워 왔던 것과는 반대로 동의하지 않거나, 앞으로도 결코 동의할 일이 없는 사람들과도 함께하는 일이 가능하다는 걸 알게 되었거든요." 통찰력 있는 답변이었다. 우리는 흔히 참가자들이 만나서 얘기를 나누기만 하면 실질적인 동의에 이를 수 있을 것이라고 착각한다. 그러나 산토스 대통령은 좀 더 흔하면서도 도전적인 시나리오에 중점을 두었던 것이다. 즉 만나긴 했지만 서로에게 동의하지 못하는 사람들도 함께할 수 있는 길을 찾을 수 있다는 시나리오다. 그는 우고 차베스와의 업무적 관계를 예로 들었다. 산토스 대통령은 자유주의적 자본주의자고, 차베스 대통령은 혁명적 사회주의자다. 즉 그들이 의견 일치를 보지 못할 것은 분명하다. 하지만 그들은 이웃 국가의 지도자로서 함께해야 할 일이 많았고, 또 성공적으로 협력해 냈다.(예전에 예수 문신을 한 남자와 얘기를 나눈 적이 있다. 그에게 왜 그 문신을 새겼냐고 묻자 사실 보여주고 싶은 문신은 따로 있지만 공개적으로 드러낼 경우 너무 논란이 될까 봐 숨기기 위해서라고 답을 했는데, 예수에 가려진 문신은 나치의 철십자가였다.) 사람에 대해 잘 알고 있다고 해서 항상 동의하거나 좋아하거나 신뢰하게 되는 것은 아니다. 하지만 어쨌든 그들과 협력할 필요가 생길지도 모르는 법이다.

코끼리를 만지는 장님들: 단 하나의 정답은 없다

콜롬비아에서의 경험을 통해 상황에 따라 전통적 협력을 할 수 없다는 점을 이해하게 되었다. 몽플뢰르 프로젝트 이후인 1993년, 나는 복잡한 갈등의 위기 상황 속에서 여러 조직의 사람들이 함께할 수 있도록 지원하는 일을 시작했다. 정부, 회사, 비영리단체 등 내가 관여해 왔던 전 세계의 조직들은 합리성에 따라 계통과 위계를 설정하는 전통적 모델을 변형하면서 활용하고 있었는데, 나의 학업과 직업 활동 전반에 걸쳐 주로 이용했던 그 방식이다. 4장에서 설명한 대로 전통적 협력은 다음과 같은 세 단계를 통해 이루어진다. ① 스마트한 사람들이 문제의 해법을 생각하고 실행 계획을 수립한다. ② 권한 있는 사람들이 이 계획을 승인한다. ③ 권한 있는 사람들이 부하들에게 계획을 실행하도록 지시한다.

그러나 복잡한 갈등 상황에서 이 모델을 시도해 봤더니 제대로 이루어지지 않았다. 내가 파악한 바로는 서로 다른 영역을 넘어 어려운 과제를 함께 수행해야 하는 사람들은 결코 이 세 단계를 따르려 하지 않는다. 설령 그렇게 해야 한다고 동의하고 있다고 해도 마찬가지였다. 종종 새로운 관계와 착안점, 목표, 계획 등 쓸모 있는 결과물들을 만들어 내기도 하지만, 합의한 계획에 따라 성과를 이루어 내는 경우는 거의 없다. 상황에 따라 내놓는 결과물이 들쑥날쑥하다. 당초 목표에 근접한 결과에 이를 때도 있지만, 근본적 변화를 만들어 내기도 한다. 아주 짧은 시간만 함께 일할 수도 있고 때로는 수년간 이어질 수도 있다. 조화를 이루며 전진할 때도 있지만 때로는 격렬하게 대립하기도 한다. 실제로 그들은 계획을 통해서가 아니라, 진행하면서 무엇을 해야 할지 알아낸다. 오랫동안 이러한 협력의 예측 불가능성은 참가자들이 합의와 계획에 집중함으로써 세 단계를 엄격하고 분명하게 따르면 해결될 수 있다고 생각했다. 그러나 결국 나는 언제나 정상적 방식이라고 생각했던 전통적 협력 모델이, 갈등과 복잡성이 큰 상황에서는 제대로 이루어지지 않는다는 점을 깨달았다. 이를 통해 스트레치 협력이 작동하는 방식과 그것이 전통적 협력과 어떻게 다른지를 이해하게 되었다.

학부 시절 물리학 문제를 풀 때 적용하던 방식을 정책과 전략 수립 문제에도 응용하려 했다는 사실을 깨달았다. 사람들이 흔히 범하는 실수를 나도 저질렀던 것이다. 이미 1973년에 호스트 리텔Horst Rittel과 멜빈 웨버Melvin Webber는 이런 실수에 대해 다음과 같이 쓴 바 있다.

> 사회 정책이 마주하는 문제를 해결하기 위해 과학적 근거를 찾으려는 시도는 이러한 문제의 본질 때문에 실패할 수밖에 없다. 과학은 다루기 '쉬운' 문제들을 통해 발전했지만, 사회 문제는 '까다로운' 것들이며, 정책 문제도 명쾌하게 단정할 수 없는 것들이다. 게다가 다원화된 사회에서는 논쟁적이지 않은 공공선은 있을 수 없다. 공평에 대한 객관적 정의도

없다. 사회 문제에 대응하는 정책은 옳고 그름을 정할 수 없다. 즉 '최적의 해법'을 논하는 것 자체가 무의미하다. 더욱이 결정적이고 객관적인 답변이라는 의미에서의 '해답'이라는 것은 존재하지 않는다.[3]

전통적 협력에 대해 의문이 들기 시작하자 내가 관여하고 있던 갈등과 복잡성이 높은 협력 상황에 그 방식이 부합하지 않는다는 것을 깨닫게 되었다. 단 하나의 정답이 존재한다는 가정이 문제 해결을 더욱 어렵게 했다. 정답을 알고 있다고 확신할수록 타인의 답변을 받아들일 여지는 점점 사라지고 결국 협력은 더욱 어려워진다. 협력하는 사람 대부분은 자신들이 처한 상황에 대해 '유일한' 진실을 알고 있다고 확신하고 있다. 자신들은 옳고 순수하지만, 타인들은 틀렸고 유죄(심지어 적)라고 생각한다. 타인들이 자기들의 말을 듣고 동의하기만 하면 상황이 정리될 것이라고 믿는다.

갈등과 복잡성이 높은 상황에서 협력을 시작하는 전형적인 모습은, 참가자들이 해결책은 물론 문제가 무엇인지에 대해서조차 의견이 일치하지 않는 경우가 대부분이다. 그들이 함께 마주하고 있는 상황에 대해 동의하고 있는 것이라고는 무언가 문제가 있다는 것뿐이다. 참가자마다 문제를 다른 방식으로, 다른 맥락으로 이해한다. 상황과 이유 그리고 누가 무엇을 해야 하는지에 대해 저마다의 진실을 가지고 있는 것이다.

이러한 상황에 접근하는 하나의 방법은 참가자를 코끼리 앞의 장님으로 설정하는 것이다. 이 우화에 따르면 코끼리 다리를 만지는 사람은 그것을 기둥으로, 꼬리를 만지면 밧줄로, 옆구리를 만지면 벽이라고 생각한다. 즉 협력에 참여하는 모든 사람은 각자 자기들 입장이 있다는 건데, 그들이 자신들의 관점을 제대로 밝힌다면 보다 완벽한 그림을 그릴 수도 있다.

그러나 상황에 대해 단일한 합의 모델을 만들어 내는 것이 불가능한 경우가 많다. 미래학자 돈 마이클Don Michael은 이렇게 말했다. "오늘날 세상에서 가장 진보된 사람들조차 코끼리의 작은 한 부분에 대해 조금 아는 것에 불과하다. 그런데 우리 앞엔 너무나 많은 부분이 있고, 게다가 너무 빠르게 변화하며 깊이 연결되어 있다. 모든 부분을 합칠 수 있는 기술이 있다고 해도 여전히 전체를 이해할 수는 없을 것이다."[4] 복잡한 갈등 상황에서는 단순히 여러 진실을 뜯어 맞춰 협력의 기반이 될

수 있는 하나의 합의된 진실을 만들어 내는 것 그 이상
의 무언가가 필요하다.

스트레치 협력의 모습

데스티노 콜롬비아는 '그 이상의 무엇'을 만들어 낸 본
보기라고 할 수 있다. 6~8장에서 설명하게 될 세 가지
차원의 스트레치 협력에 부합한다고 할 수 있다. 첫째,
데스티노 콜롬비아 참가자들은 단지 하나의 문제를 해
결하거나 최상의 목표를 달성하려 하지 않았다. 비록 그
들의 주장은 콜롬비아의 이익을 위해 협력한다는 것이
었지만, 갈등의 한가운데 있었던 그들은 해결책은커녕
무엇이 문제인지조차 합의하기 어려웠다. 그들이 유일
하게 동의한 것은 마주하고 있는 현실에 문제가 많다는
것뿐이었다. 그들은 문제 상황의 여러 측면을 제각각의
이유로 각자 들여다보고 있었다. 함께 모여 무언가를 도
모하는 것이 가치 있고 흥미로운 일이라고 생각했지만,
그들은 단순하고 유일한 '하나의 팀'인 것은 아니었다.
그들은 배경, 정체성, 소속, 이념, 문화, 권력 등에서 극

적인 차이가 있었고, 각자의 조직과 공동체에 더 큰 소속감과 헌신적 태도를 가지고 있었다. 카세이도를 구하기 위한 두케의 노력은 예외적 사례였다. 또한 그들 앞에 놓여 있는 공통의 상황에 대해서도 저마다 다른 입장과 관점을 가지고 있었다. 그런데 이러한 통일성의 결여로 인해 그들의 협력은 매우 논쟁적이면서도 한편으로는 풍부하고 가치 있는 일이 될 수 있었다. 그들은 단일한 전체 또는 목표를 우선시하지 않으면서 협력했다. 갈등과 연결을 동시에 끌어안은 것이다. (이것이 6장에서 다룰 주제다.)

둘째, 그들은 자신들의 나라에서 무엇을 해야 할 것인지에 대한 계획에 합의하지 않았다. 네 개의 시나리오가 있고, 그중 첫 번째인 현상 유지를 원치 않는다는 것에 대해서만 합의했다. 그리고 그들 또는 다른 사람들이 그 시나리오를 활용하면서 그 이후에 벌어진 상황들에 대처해 나갔던 것이다. 즉 그들은 하나의 비전이나 로드맵 없이 협력했다. 실험하면서 앞으로 나아갔던 것이다. (7장에서 다룰 주제다.)

셋째, 참가자들이 무엇인가를 해야만 한다는 강한 의지를 가지고 있었지만, 다른 사람에게 강요할 수는 없었다. 여기서 다시 한번 소우주가 대우주를 반영하는 일이 벌어진 것이다. 그토록 오랫동안 전쟁이 계속된 것은 어느 한쪽도 자신의 의지를 다른 쪽에 강요할 수 없었기 때문이다. 따라서 이 그룹은 다른 이들의 행동을 바꿀 수 없는 상태에서, 즉 단 한 명의 절대적인 리더가 없는 상태에서 협력했다. 그들은 각자 게임 속으로 걸어 들어간 것이다. (8장에서 다룰 주제다.)

스트레치 협력은 굳건하게 단결과 조화를 이루고 있는 팀의 활동이라기보다는, 느슨하지만 활기차고 다툼이 많은 집단의 작업처럼 보인다. 개인, 조직, 도시, 국가 등 주권을 가진 다양한 독립적 행위자들의 무질서해 보이지만 실은 생산적인 협상을 하는 과정이라 할 수 있다. 다양한 분야, 조직, 이념, 문화, 정당의 사람들이 데스티노 콜롬비아에 모여 직설적 대화를 나누면서도 함께 기타를 연주하는 모습처럼 말이다.

스트레치 협력의 구조

스트레치 협력의 가장 큰 특징은 수평적이라는 점이다.

협력 참가자들은 자신을 독립된 전체로서 먼저 인식한다. 협력 체제의 일부이거나 종속된 존재라고 보는 것은 부차적이다. 그들은 단 한 명의 지시자를 두지 않고 함께 일한다. (4장에서 말한 메이어 칸의 '단일한 지도자' 계통과는 반대다.) 그들 자신이 상사이거나 또는 각자의 상사가 따로 있을 수 있다. 각자가 다른 '팀'에 속해 있으며 다른 견해와 의견 불일치를 공개된 테이블에 올려놓을 수 있다고 생각한다.

한번은 휴스턴(종속되지 않는 자유의 분위기가 강한 도시)의 지도자들이 개최하는 지역 발전 계획 수립을 위한 협력 모임을 지원한 적이 있다. 이 모임에 참여한 부동산 개발업자들이 '존스미스이권회사John Smith Interests' 같은 회사명을 사용하며, 이익을 추구한다는 것을 공공연하게 밝히는 모습이 인상적이었다. 전통적 협력에 비해 스트레치 협력이 좀 더 다원적일 수밖에 없는 것이다.

독립된 조직의 연합들이 모여 협력하기 위해서는 스트레치 협력이 필요하다. 개인과 팀의 자율성과 형평성을 강조하고 위계질서가 희박한 조직에서도 필요하다. 스트레치 협력은 전통적 협력보다 유연하기 때문에 조직 간 또는 조직 내에서 더욱 다양한 사람들과 협력할 수 있다.

우리가 동의하거나 좋아하거나 신뢰하는 '친구'뿐만 아니라 동의하지 않거나 좋아하지 않거나 신뢰하지 않는 '적'과도 필요에 따라서는 협력할 수 있는 것이다.

스트레치 협력은 통제라는 전제를 포기한다. 조화, 확실성, 순종에 대한 비현실적 환상과 관성을 버리고 불협화음, 시행착오, 공동 창작이라는 복잡한 현실을 수용한다. 갈등과 복잡성이 둘 다 또는 하나라도 높고, 협력 참가자들의 동의와 조화가 결여된 상황에서는 문제 설정, 해법 도출, 해법의 실행, 계획의 실행에 대한 업무 분장 등에 대한 순차적 합의가 불가능하다. 전진을 위해서는 실험적 접근이 불가피하다. 물론 스트레치 협력은 단순하지 않다. 복잡하고 혼란스러운 경우가 많기 때문에 많은 사람들이 부담을 느낀다. 그러나 분명 가능한 일이며, 갈등과 복잡성이 높은 상황에서는 협력을 실제로 가능하게 하는 유일한 방법일지도 모른다.

불안정하지만 더 강력한 연결

스트레치 협력의 실행 매뉴얼에서도 전통적 협력과 마

구 분	전통적 협력	스트레치 협력
사랑의 작동	참가자들이 협력에 적응하기를 기대	참가자들의 소속감을 고취
권력의 작동	참가자들을 종속시키는 팀워크에 집중: 위계적 조직화	참가자들의 자율성과 대표성을 인정: 수평적 조직화
정의의 작동	안전성과 공정성을 위한 협력을 구조화	형평성과 상호성을 위한 협력을 구조화

[그림8] 스트레치 협력을 실행하기

찬가지로 사랑·권력·정의를 통합적으로 활용하는 방법을 설명한다. 다만 이 개념들이 좀 더 '스트레치 한'(범위가 더 넓어지고 복잡하며 불안정한) 내용으로 다루어진다. 협력에 필요한 **사랑**과 통합은 참가자들이 틀에 꼭 맞추기보다는 느슨하게 함께 이루어 간다. 협력의 틀을 협력 참가자들에게 맞추는 것이지 그 반대는 아니다. 소속감이란 당신이기 때문에, 당신 그대로의 모습으로 받아들여질 때의 감정이다. 다음은 장애 여부와 상관없이 모든 학생을 모집하는 통합학교의 방침이다. "소속감을 느낀다면 자신을 숨기거나 바꿀 필요가 없다. 당신의 진면목을 있는 그대로 보여 줘도 안전하다고 느끼기 때문이다. 맞춘다는 것은 받아들여지기 위해 설정된 기대치에 자신을 일치시킨다는 것이다. 이때 스스로를 숨기거나 바꿔야 한다는 압박감을 느끼게 된다."[5]

협력 전체의 **권력**과 자기실현은 각 협력 참가자의 주체성, 즉 각자가 가진 다양한 권력과 야심, 각자의 총체적 자아와 자존의 결합을 통해 이루어진다. 스트레치 협력에서는 전통적 협력에 비해 참가자들이 종속성에서 어느 정도 벗어나 더 많은 권한을 갖기 때문에 더욱 다양한 방향성을 추구한다. 즉 더 큰 에너지와 창의성이 필요하고 그만큼 갈등이 따른다는 의미다.

사랑과 권력의 복잡성이 커지면 협력 참가자들 사이의 관계를 구조화하는 **정의**의 복잡성도 커지게 된다. 스트레치 협력은 품위 있고, 안전하고, 존중하는 공정한 관계를 넘어, 형평성과 상호성을 갖춘 관계를 요구한다. 즉 소속에 따르는 규율과 주체적 입장 간의 차이를 솔직하게 다루는 관계 말이다.

이러한 사랑·권력·정의의 복잡한 구현을 통해 스트레치 협력은 비로소 작동할 수 있다. 그리고 전통적 협력과는 달리 동의하지 않고, 좋아하지 않으며, 신뢰할 수 없는 사람들을 비롯하여 협력의 경계선상에 있는 사람들까지 아우를 수 있는 협력이 가능해지는 것이다. 스트

레치 협력은 서로 다른 욕구를 가지고 있는 가족 구성원
들뿐만 아니라 일부 영역에서는 협력하지만 다른 영역
에서는 경쟁하는 사업적·정치적·국제적 관계에서까지
함께할 수 있는 방법을 제시한다. 그만큼 스트레치 협력
은 예측 가능성과 통제 가능성이 떨어지고, 변동성과 위
험성이 크다는 의미다.

스트레치 협력이 통하지 않는 경우

2020년 초 코로나19 감염이 확산되기 시작하면서 도로
시와 나는 몇 개월 동안 다른 사람들과의 대면 접촉을
거의 하지 않았다. 매일 오후 1시면 퀘벡 주지사 프랑수
아 르골François Legault과 보건 당국 책임자가 관련 정보와
지침을 발표하는 라디오 방송을 들었다. 성인이 된 이후
로 이때처럼 다른 관점에 대한 이야기를 듣고 싶지 않거
나 다른 시도를 하고 싶지 않았던 적은 없었다. 나는 '르
골 팀'에 속하면서 내가 할 일에 대해 지시를 받고, 공정
한 대우 속에서 안전하기를 원했다. 스트레치, 즉 무언
가 다른 것을 하고 싶지 않았던 것이다. 그 당시의 내가

그랬던 것처럼 사람들은 위험에 처하거나 복잡하다고 느끼는 상황에서는 권위자와 전문가가 이끄는 전통적 협력이 좋은 선택이라고 생각하게 된다.

스트레치 협력은 우리에게 한계를 뛰어넘을 것을 요구한다. 그러나 갈등이 많고 복잡성이 높은 상황에서는 이 방식이 너무 위험하다는 것을 알게 된다. 매우 높은 장벽인 것이다. 아주 멀리 왔거나 멀리 가고 있다고 생각할 때, 우리는 협력의 범위와 함께할 사람의 대상을 실행 가능하다고 생각되는 수준으로 다시 축소한다. 이렇게 좁혀진 영역에서 스트레치 또는 전통적 협력을 채택한다. 그리고 이 영역 밖의 문제들에 대해서는 강행, 순응, 이탈을 택하게 된다.

통제할 것인가, 한계를 뛰어넘을 것인가

스트레치 협력은 전통적 협력에 비해 갈등이 많고 복잡한 상황에서 작동한다. 그만큼 더 큰 확장이 필요한데, 구체적으로 어떤 상황에서 스트레치 협력을 선택하면 좋을까?

불확실성을 동력으로 바꿀 질문들

협력을 시작하려 하거나 수행 중이라면 다음 질문을 고려하자. 정답은 없으며 협력 계획과 접근 방법을 찾는 데 실마리를 발견할 수 있을 것이다.

- 참가자들 사이에 지속적이고 의미 있는 의견 불일치 또는 커다란 차이가 어느 정도로 존재하는가? 이러한 차이들이 해결되기보다 계속될 가능성은 얼마나 높은가?

- 앞으로 불확실하고 불명확한 상황을 마주하게 될 가능성은 어느 정도인가?

- 계획에 차질이 생기더라도 참가자들이 자신의 개성과 입장을 어느 정도로 충분히 발휘할 수 있는가?

- 긴장을 유발한다고 해도 다양한 욕구, 에너지, 창의적 방향이 어느 정도로 흔쾌히 받아들여질 수 있나?

- 발언권, 주도권, 결정권에서의 불평등은 협력을
  통해 어느 정도로 해소할 수 있는가?

→ **위의 답변에 대해 다시 성찰하기**

- 스트레치 협력이 앞으로의 계획에 어떤 방식으로
  도움이 될 것인가? 반대로 이러한 접근 방식이
  제약이 되는 부분은 무엇인가?

→ **스트레치 협력 방식을 채택했다면,**

- 리더십은 어떻게 구성할 것인가?

- 의사 결정 과정은 어떻게 할 것인가? 누가 참여할
  것인가?

- 팀 내의 의견 불일치와 갈등은 어떻게 해결할
  것인가?

- 계획의 최종 목표와 세부 목적은 어떻게 설정할
  것인가?

- 목표 달성을 위한 전략 수립 과정은 어떻게 진행할
  것인가?

- 전문성과 권위가 업무에서 어떤 역할을 할 것인가?

- 학습과 적응이 업무에서 어떤 역할을 할 것인가?

6장

첫 번째 스트레치

갈등과 연결을 포용하기

협력은 참가자, 상황, 주체 세 가지 측면에서 이루어진다. 차이를 넘어선 협력을 하려면 이 세 가지 측면 모두에서 일정 부분은 전통적 협력 방식을, 상당 부분은 스트레치 협력 방식을 유연하게 구사하는 것이 필요하다. 6~8장에서는 세 가지 방식의 스트레치를 어떻게 구사할 것인지 설명한다. 조금 또는 많이 협력할 것인가, 살짝 또는 깊게 관여할 것인가, 좁은 범위 또는 넓은 범위에서 무엇을 움직이면서 협력할 것인지에 관한 설명이다.

첫 번째 측면은 참가자들과의 관계 설정 문제로 동의하지 않고, 좋아하지 않거나, 신뢰할 수 없는 사람들을

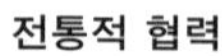

[그림9] 참가자와의 관계를 스트레치

모두 포함한다. 전통적 협력에서는 팀 전체의 목표 달성
과 건강한 분위기를 위해 조화롭게 일하는 것에 초점을
맞추는데, 다투기보다는 단결하는 쪽이다. 이 방식은 갈
등과 복잡성이 낮은 상황에서 작동하는데, 관점과 이해
가 일치하거나, 일치시킬 수 있는 경우에 가능하다.

그러나 갈등의 빈도와 복잡성이 둘 다 또는 하나라도
높은 경우 이 방식은 작동하지 않는다. 참가자들의 관점
과 관심은 각자 상당히 다르기 때문에, 행동도 자유롭다.

이러한 상황에서 협력하려면 단결을 하든 다투든 공통점과 차이점 모두를 활용하며 유연하게 협력해야 한다.

따라서 첫 번째 스트레치는 갈등과 연결을 동시에 포용하는 것이다. 물론 단순하거나 쉽지 않다. 많은 사람들이 단결과 화합이라는 표면 아래에서 타인과 부딪히는 일을 불편하게 느끼기 때문이다. [그림9]의 대비되는 두 그림이 이 스트레치를 비유적으로 표현하고 있다. 어울리는 친구로서 목표를 향해 함께 나아가는 개와 고양이의 모습과 아래는 불편하게 몸을 뻗으며 서로의 차이를 이용해 무언가를 이뤄 내는 모습이다. **갈등과 연결을 함께 포용하기 위해 어떻게 스트레치 할 것인가?**

생산적인 다툼을 위해
성벽을 허물고 나오기

내가 참여한 모든 생산적 협력 관계는 갈등과 연결을 동시에 포용했다. 하와이에서 분명한 사례를 볼 수 있었다. '하와이 경영자협의회Hawai'i Executive Collaborative'에서 의장을 맡고 있는 듀안 쿠리스Duane Kurisu는 미디어, 기술, 스포츠, 식품 등 다양한 분야의 기업을 경영하는 공익 정신이 투철한 일본계 사업가다. '하와이 경영자협의회'는 기업과 그 밖의 분야의 고위급 경영진들이 역동적인 하와이를 만들어 나가기 위해 만든 모임이다. 2022년 하와이에서는, 하와이 원주민들에게 신성한 휴화산 마우나케아Mauna Kea에 건설 중인 30미터 직경 망원경에 반대하는 원주민의 시위와 이를 저지하는 과정에서 폭발한 원주민과 비원주민 사이의 갈등이 고조되고 있었다. 이를 우려한 쿠리스가 내게 연락해 왔다.

쿠리스와 그의 동료 카마나오포노 크래브Kamanaʻopono Crabbe 그리고 나와 나의 동료 브렌나 아트니코프Brenna Atnikov가 함께하게 되었다. 쿠리스와 나는 먼저 기업가와 원주민들의 사이에 협력을 모색하기 위한 모임을 추진하기로 결정했다. 마우나케아 갈등의 근저에 깔려 있는 더 깊고 큰 문제들에 접근하기 위한 시도였다. 아트니코프는 이 프로젝트의 첫 번째 워크숍에서 있었던 논쟁들에 대해 다음과 같이 회상한다. 먼저 한 육군 장군과 토지권리 지키기 운동가 사이에서 군의 역사적·현재적 역할이 '보호자'인가 '정복자'인가를 두고 논쟁을 벌였고, 은행가와 지역사회 리더는 누가 스스로를 '하와이

인'이라 부를 권리가 있는지를 두고 맞붙었다. 해운회사의 CEO와 비영리단체 리더 사이에서는 하와이섬 내에서 기업이 해야 하는 적절한 역할에 대해 논쟁을 벌였고, 한 기업가와 원주민 여성 지도자 사이에서는 30미터 직경 망원경 승인 과정에서 조작이 있었는지에 관해 설전을 벌였다. 참가자들은 시작부터 논쟁적 사안들에 대해 숨김없이 이야기했다. 이들이 이러한 '타자들'과 대화한 것은 대개 생전 처음 있는 일이었다.

3년이 지난 지금 '하와이 영혼의 재발견Rediscovering Hawai'i's Soul'이라고 부르게 된 이 협력 프로젝트에는 원주민과 비원주민을 아우르는 문화 및 지역사회지도자, 활동가, 학자, 사업가, 정부 관리, 군 장교 등 150여 개의 관련 기관이 참여하고 있다. 교육, 관광, 군사, 기후변화, 그리고 근본적인 문제인 토지 소유권 등 하와이의 가장 중요하고 심각한 난제들을 두고 수평적 관계인 팀 단위로 나뉘어 집중해서 협력하고 있다. 이 협력체가 기대 이상의 의미 있는 진전을 이룰 수 있었던 것은, 참가자들이 서로 관계 맺는 방식을 근본적으로 바꾸었기 때문이다.

존 오소리오Jon Osorio는 하와이 원주민 출신 대학교수로, 스스로를 "하와이 자결권을 지속적으로 추구하는 활동가이자 대변자, 하와이 토속어 몰입 교육기관 설립 촉구 행동의 조직가, 군사권 남용으로부터 토지를 지키는 수호자, 미국 제국주의를 포함한 일체의 제국주의에 반대하는 투쟁가"[1]라고 소개한다. 워크숍에서 처음 만났을 때의 그는 매우 직설적이고 회의적인 인상이었다. 하지만 15개월 후 지역 방송에서 '하와이 영혼의 재발견'에 관해 쿠리스와 함께 인터뷰를 하면서 오소리오는 자신의 경험을 다음과 같이 설명했다.

카마나오포노 크래브로부터 처음 모임 참여 제안을 받았죠. 쿠푸나Kupuna(원주민 원로들)와 쿠무훌라Kumu Hula(훌라 강사) 등 다른 많은 하와이 원주민처럼 우리도 참여하게 되었습니다. 솔직히 처음에는 '하와이 경영자협의회'라는 단체에 대해 아무것도 몰랐어요. 그런 게 있는지도 몰랐죠. 처음에는 그냥 하와이 주 정부를 강력하게 뒷받침하기 위해 만들어진 단체일 거라고 강하게 의심했지만, 누가 참여하는지 알고 있었기에 기꺼이 함께하기로 했죠.

전에는 듀안 쿠리스를 만난 적이 한 번도 없었습니다. 다른 기업가들이나 은행가, 선주들도 마찬가지였죠.

우리가 같은 사회에 살아도 의회에서 서로 대립되는
증언을 할 때가 아니라면 실제로 어울릴 일이 없었기
때문에 서로를 잘 모를 수밖에요. 사실 거기 모인
사람들 사이에 공통점이라고는 우리가 하와이에서
정말로, 정말로 중요한 문제들을 두고 오랫동안 갈등을
겪어 왔다는 것뿐이었습니다. 그 과정에 참여하면서
처음 받은 인상을 바탕으로 할 일에 대한 윤곽을
그렸습니다. 어떻게 굴러가야 하는지, 무엇을 만들어
내야 하는지 생각했고, 그렇게 하려면 서로에게
일정한 신뢰가 필요하겠다고 느꼈죠. 참가자들이
진정으로 의미 있게 모든 것을 쏟아부어야 할 것
같았습니다. 직접적이고 솔직하게, 단순한 대화를 넘어
때로는 아슬아슬한 논쟁도 기꺼이 감수해야 한다고
생각했고, 그렇게 했습니다. 워크숍이 진행되면서 점점
참가자들이 적극적으로 참여하고 경청하려는 의지를
보였죠. 무엇이 되었든 공동의 노력을 통해 성과를 낼
수 있을 것이라고 느꼈고, 그렇게 되었다고 믿습니다.

듀안에게 그러한 전환은 심리적으로 아주 중요한
계기가 됐을 거예요. 그를 포함해 그 방에 있던 많은
사람이 원주민들에 대한 편견, 그러니까 그들은

반대만 일삼고 자기 문화와 관습에 얽매여 실용적일 수 없는 사람들이라는 생각을 내려놓고, 원주민들의 얘기를 경청할 수 있게 됐다는 것만으로도 엄청난 일이었습니다. 우리가 지속적으로 목소리를 내고 주의 정책 방향에 전반적으로 반대하며 리더십을 발휘해 온 마우나케아, 군사, 관광 산업 같은 사안들에 관하여서 말이에요. 그런 얘기들을 가만히 앉아서 경청하고, 우리가 진심을 다해 관심을 가지고 주장하고 있는 문제들이 심각하게 다뤄져야 한다는 점을 깨달아 가고 있다는 건 정말 엄청난 사건이었습니다.

우리에게도 큰 전환점이 되었어요. 그들을 신뢰하고 그들의 고민을 경청하게 됐을 뿐만 아니라 우리 또한 우리가 속한 공동체에 답할 의무가 있다는 것을 깨닫게 됐죠. 사실 너무 오랫동안 시위에 참여해 왔기에, 제가 속한 정치적 환경에서는 '협력'이라는 단어를 쓰기가 어렵죠. 역사적으로 정말로 부정적인 사례가 너무 많았으니까요. 예를 들어, 자신의 출세를 위해 적과 협력하는 행위로 해석되곤 했습니다.

지금 우리가 여기에서 들여다보고 있는 문제는 우리의 미래에 있어서 실제로 크고도 중대한 문제들이에요. 지금 이곳에 사는 사람들, 그러니까 원주민뿐만 아니라 함께 사는 모든 사람들, 우리가 결혼하고 아이를 낳고 함께 살아갈 이들, 그리고 실질적으로 우리 라후이lahui 종족의 일원이 될 사람들의 미래가 걸린 문제죠. 우리가 다루는 문제는 바로 우리 집단, 그리고 살고 있는 바로 이곳에 대해 우리가 지금 무슨 일을 하고 있는가의 문제예요. 우리의 미래를 긍정적으로 보는 게 정말이지 정말, 정말로 어렵게 됐어요. 이를 위해 무엇을 할 수 있을지가 이번 사안의 핵심입니다."[2]

참가자들 사이의 대화에는 수많은 불일치와 갈등 요소가 포함되어 있었다. 그런데 아마도 이러한 직설적 대화의 결과로 더욱 깊이 있는 합의의 가능성이 커졌을 것이다. 하와이 사람이라는 것의 의미, 즉 하와이의 영혼에 대한 오랜 시간의 대화를 통해 참가자들은 정체성이라는 근본적 질문을 둘러싼 고민들을 토로했고, 이를 통해 그들 사이의 관계가 전환될 수 있었다. 원주민과 비원주민 모두 서로에게 그리고 하와이의 문화와 대지, 영혼과 연결되려는 깊은 열망에 나도 감동받았다. 쿠리스는 인터뷰를 통해 이에 대해서 다음과 같이 설명했다.

우리 아이들이 하와이가 왜 특별한지 이해할 수 있도록 해야 합니다. 원주민 사회의 쿠푸나들과 CEO, 지역사회 지도자들이 한자리에 모여 원주민 문제부터, 그것이 결국 모든 인종과 세대에 영향을 미치는 문제까지 다루게 된 것은 믿음의 도약이었습니다.

방금 오소리오에게 말한 것처럼 처음 이틀 동안에는 너무나 입장들이 다양했기 때문에 이 문제가 어디로 풀릴지 우리 모두 예측하기 어려웠습니다. 하지만 기적적으로 우리는 모두 동의하는 내용을 담은 시나리오를 도출해 냈습니다.

가장 인상 깊었던 점은 참가자들의 다양성입니다. 원주민 지도자들은 지역사회에 강력하게 영향을 미치는 사안에 대해 매우 적극적으로 자기주장을 해 온 내력이 있는 분들이었습니다. 그런가 하면 기업가 공동체인 비숍 거리에서 온 사람들도 있었고요. 두 집단의 입장이 달랐기에 대화를 나누거나 합의점을 찾는 데 성공하기 어려울 거라고 생각했죠. 그런데 우리는 공통점을 찾아냈고, 그 수준에 이르지 못한 경우도 있었지만 어쨌든 대화를 나눌 수는 있었습니다. 다양한 관점을 가진 채 난제를 두고 논의했지만, 서로의 존엄성을 유지하면서 신뢰의 분위기 속에서 차이점을 다루어 나갔죠.

훌라 강사인 푸아Pua 여사는 이 '상호존중'에 집중하는 분이었습니다. 제 나름대로 이 개념을 이해하고 있다고 생각했지만, 이번 과정에서 여러 그룹의 다양한 사람들과 오랜 시간 동안 많은 대화를 나누며 새롭게 깨달은 것이 있습니다. 이 상호존중이라는 느낌, 그리고 우리의 아이나'āina(땅)에 대한 사랑의 감각, 그리고 이 모든 것이 어떻게 조화를 이루며 함께 존재하는지 생각해 보게 된 겁니다. 그리고 푸아 여사 같은 분은 이를 매 순간 몸소 실천하며 살고 있다는 것을 깨닫게 된 거죠. 그리고 하와이를 좀 더 나은 곳으로 만들기 위한 과정에 있어, 좀 더 협력해야겠다는 의지와 믿음을 양쪽 모두로부터 확인했습니다.

'하와이 영혼의 재발견' 참가자들은 갈등과 연결 모두를 끌어안으며 함께 앞으로 나아갈 수 있게 된 것이다.

갈등과 포용의 상호관계

앞서 말했듯 1991년부터 갈등에 처한 사람들이 협력하도록 돕는 일을 시작했다. 1장에서 설명했던 네 가지 선택지와 태국의 사례에 비춰 볼 때, 나는 강행이나 순응, 이탈 대신 협력하는 선택에 집중했다. 3장에서 설명한 기본 동력과 과테말라 사례에 비춰 본다면, 나는 분열을 묶어 내는 동력인 사랑에 집중했다. 그리고 종합적으로 이 일이 갈등에서 연결로 전환하는 작업이라고 이해하고 있었다. 하지만 나는 나를 당혹스럽게 만드는 경험을 반복해서 겪었고, 이는 협력에 관한 이해가 부족했음을 의미했다. 다음의 세 가지 경험은 내가 가진 기존의 이해를 바로잡는 계기가 되었다.

포용과 자기주장은 상호보완적이다

2013년 10월, 나는 밴쿠버에서 열린 데이비드 스즈키David Suzuki 재단 이사회에서 스즈키와 날카로운 대립을 한 적이 있다. 스즈키는 40년 이상 라디오와 텔레비전에서 대중적인 과학 프로그램을 진행해 온 캐나다의 유전학자다. 열성적인 환경운동가이기도 한 그는 캐나다에서 가장 존경받는 공인 중에 한 사람이다. 그 당시에 그는 환경운동가, 화석연료 기업, 그리고 정부 사이에서 벌어지고 있는 대대적 논쟁의 한가운데에 서 있었다. 캐나다의 기후변화 대응과 관련하여, 석유 성분을 함유하고 있는 오일샌드에서 석유를 추출하는 프로젝트와 여기서 발생하는 높은 이산화탄소 배출량을 어떻게 처리할 것인지를 두고 격렬한 논쟁이 벌어지고 있었다.

회의 시작 전에 스즈키의 연설문 하나를 읽었다. 그는 오일샌드 기업 CEO와 협상할 용의가 있지만, 단 그들이 "특정 기본 사항에 동의할 경우"라고 밝히고 있었다. 예컨대 "우리 모두는 동물이며, 동물로서 가장 기본적인 필요는 무엇보다도 깨끗한 공기, 깨끗한 물, 깨끗한 토양, 깨끗한 에너지와 생물다양성이다"[3]와 같은 내용이었다. 자신이 믿는 원칙들에 대해 사전에 합의해야 대화에 임할 수 있다는 스즈키의 주장이 비합리적이고 생산적이지 않다고 생각했던 나는 회의에서 이 점을 지적했다. 그의 입장은 그러한 근본적 사항에 대한 합의 없이는 대화에 참여하지 않는 편이 낫다는 것이었으며, 그는 자신의 원칙을 지지하는 대중과 여론을 모으는 데 에너지를 집중할 것이라고 밝혔다.

짧은 대화였지만 나에게는 커다란 자극이었다. 다른 상황에서도 사람들이 그와 유사한 주장을 하는 것을 수 없이 들어 왔다. 자신들이 주장하는 원칙이 옳으며, 그것이 협력의 출발점이 되어야 한다는 의미였다. 나는 원칙에 대한 이러한 불일치가 협력하지 못하게 하는 이유이며, 어떤 합의든 그러한 전제 없이 수용하고 협조해야 시작할 수 있다는 점에 대해 근거를 바탕으로 주장해 왔다. 하지만 스즈키의 단호한 주장이 나를 붙들기 시작했다. 사실 그가 주장하는 원칙이 옳은 것 같았기 때문이다. 그를 높이 평가해 왔기에 그의 주장을 쉽게 반대할 수 없기도 했다.

그와의 대화를 통해 포용과 주장은 복잡한 난제를 해결해 나가는 데 있어, 서로 대립하는 방식이 아니라 상호 보완적인 방식임을 깨달았다. 두 가지 모두 협력에 있어 정당하고 필수적인 측면인 것이다. 모든 체계적 변화의 서사에는 토론, 캠페인, 경쟁, 시위행진, 보이콧, 소송 등과 같은 다양한 방식의 자기주장이 늘 일부를 이루고 있다. 주장과 반박은 필연적으로 불화와 갈등을 낳는다. 그러나 나는 어떤 사람이나 조직은 주장하는 역할을 할 수 있고, 또 다른 사람들은 포용하는 역할을 할 수 있다고 생각한다. 언젠가 활동가들이 변화를 위해 노력하는 일에는 '회의장 안의 역할'과 '회의장 밖의 역할'이 있다는 말을 들은 적도 있다. 즉, 상호보완이라는 방식은 다른 사람들이 적대감을 증가시키는 위험을 감수하고서라도 무언가를 주장하는 데 집중할 때, 나는 평정심을 유지하면서 적대시를 초월하여 포용에 집중하는 것을 의미한다고 생각했다.

포용과 주장은 서로를 강화한다

2013년 12월 초, 나는 남아공으로 돌아왔고, 며칠 후 넬슨 만델라가 세상을 떠났다. 몇 주 동안 지역과 국제 언론 모두에서 그의 삶과 업적에 대한 헌사와 회고가 이어졌다. 나도 나의 삶과 얽힌 그의 일대기를 되돌아봤다. 2013년의 남아공은 사회적·정치적으로 더욱 분열되었고, 관용하는 일은 점점 더 힘들어지는 상황이었기에, 많은 사람이 만델라가 이끈 1994년의 '기적 같은' 대전환의 성공을 재평가하고 있었다.

스즈키와의 대화를 나눈 직후에 남아공에서 벌어지는 일련의 과정들을 보면서 나는 한 가지를 깨달았다. 반대자들과의 대화와 포용을 통해 목표를 이루려 했던 만델라의 시도에 너무 집중했던 나머지, 주장과 압박을 통해서도 같은 목적을 달성하려 했던 만델라의 또 다른 측면의 노력에 대해서는 과소평가했다는 점을 깨달았다. 투옥되기 전에 만델라는 인종 차별적 정부에 반대하는 비합법 운동을 이끌었고, 지하로 잠적하여 비밀리에 해외로 망명했으며 아프리카민족회의ANC 무장 게릴라 부대 초대 사령관으로 활동했다. 2007년에도 ANC 지도자들이 무장 테러 조직 구성원이라는 이유로 미국 입국 비자가 거부되기도 했다. 석방된 이후 만델라는 1994년 선거를 앞둔 협상 과정과 이후 대통령 재임 기간 동안 자기주장을 관철하기 위해 강하게 상대를 압박하기도 했다. 그러는 동안 한편으로는 이제는 유명해진 놀라운 방식으로 적대시에 맞서기도 했다.

이제야 비로소 만델라 리더십의 온전한 모습을 볼 수 있게 되었다. 그는 언제 어떻게 결합을 해야 할지, 언제 어떻게 단호한 주장을 해야 할지 알고 있었던 것이다. 남아공의 특별했던 대전환은 만델라와 다른 많은 사람들이 자기주장과 결합 모두를 활용했기에 지속될 수 있었다.

나의 작업을 돌이켜보니, 내가 현장에서 물리적으로 함께했던 장면의 일부분에만 집중해 왔다는 점을 깨달게 되었다. 대부분 서로 대화할 수 있도록 설정된 워크숍에서 사람들을 만나왔지만, 사실 그들은 워크숍 밖에서 서로 싸우며 훨씬 더 많은 시간을 보냈다. 사실 이러한 다툼이 워크숍의 대화를 의미 있고 쓸모 있게 만들어 준 요소였다. 그래서 이제 포용과 주장이 내가 이전에 생각했던 것처럼 정말로 분리될 수 있는 것인지에 대해 고민하고 있다.

포용만으로는 부족하다

2014년 5월, 태국에서는 몇 달에 걸친 '강행' 시나리오와 같은 폭력적 대립 끝에 군부 쿠데타가 일어났다. 나의 태국 동료들은 이러한 반민주적 상황에 대해 분개하고 있었다. 또 다른 사람들은 더 이상의 폭력 사태의 전개가 중단된 것에 대해 안도했으며, 질서 있고 평화롭게 '협력' 시나리오가 진행될 수 있도록 군사 정부가 새롭고 엄격한 규칙을 만들어 주기를 기대했다. 나는 어느 입장에 동의해야 할지 확신이 서지 않았다. 군사 정권의 한계와 위험성도 충분히 인식하고 있었지만, 강압적 방법으로라도 질서와 평화로운 협력을 이루어 보려는 군부의 의지도 이해가 갔다. 억압을 해서라도 포용할 수 있게 하자는 의도였다.

이 극단적인 사건은 내가 오랫동안 붙잡고 씨름한 퍼즐의 마지막 조각을 주었는데, 이제야 비로소 보게 된 사실에 놀라지 않을 수 없었다. 몽플뢰르 프로젝트 이후 집중해 왔던 협력 방식의 논리적 귀결이 쿠데타였던 것이다. 우리가 조화로운 결합을 받아들이고 대립하는 주장들을 거부한다면 우리가 함께하는 사회적 시스템의 목을 조르게 될 것이다. 아레나스가 몇 년 전에 나를 설득하려고 했던 바로 그 지점이었다. 그녀는 시민사회가 자신들의 주장을 외칠 수 있는 시위와 행진을 중지해야 한다면 정부와의 협력을 거부하겠다고 말했었다. 즉 협력은 우리에게 포용과 주장 모두를 요구하는 것이다.

홀론으로 구성된 협력의 풍경

협력의 핵심 과제가 무엇인지는 명확하지만 결코 단순하거나 쉽지 않다. 협력 참가자 각자의 다양한 요구를 다른 사람들 그리고 협력 전체의 요구와 어떻게 어우러지게 할 것인가의 문제다. 전통적 협력 방식에서는 이것이 좀 더 쉽고 간단한데, 협력 참가자들이 한 팀에 속한 구성원으로서 행동해야 하기 때문이다. 즉 참가자들은 각자의 요구를 협력 전체의 필요에 맞추고 종속시켜야 한다. 그럼에도 불구하고 모든 관리자나 리더가 알고 있는 것처럼 이러한 질서가 이루어지기 위해서는 상당한 주의와 노력이 필요하다. 스트레치 협력에서는 이러한 질서를 이루는 일이 쉽거나 간단하지 않다. 이러한 방식의 참가자들은 서로를 다른 팀이라고 생각하며 협력의 틀에 자신을 종속시키려 하지 않기 때문이다.

따라서 스트레치 첫 단계에서 갈등과 연결을 함께 수용하려면(즉, 주장과 포용을 함께 활용하려면) 전체 협력의 수면 아래에서 충분한 협조를 이룰 방법을 찾아야 한다. 이를 위해서는 각자의 다른 관점과 이해를 포괄하려는 노력이 필요하다. 이는 전통적 방법에서도 어느 정도 필요할 뿐만 아니라 스트레치 협력에서는 더욱 그러하다. 이러한 스트레치는 협력 관계에서 참가자들 각각의 사랑·권력·정의라는 동력의 표출이 표면에서가 아니라 표면 아래에서 이루어져야 한다는 점에서 래디컬하다.[4] (radical의 어원은 '뿌리'를 뜻하는 라틴어 'radix'에서 유래했다.)

유능한 정치인들은 갈등과 연결 모두를 다루는 법을
안다. 사람 각자를 하나의 전체로서 대할 뿐만 아니라
보다 큰 전체의 일부분으로 다루는 것이다. 로버트 카로
Robert Caro가 쓴 린든 존슨Lyndon Johnson 미국 대통령의 전
기에는 존슨이 개별 의원들 각자의 이익에 세심한 주의
를 기울임으로써 획기적인 민권 법안을 통과시키는 데
성공한 이야기가 담겨 있다. 각자가 정치적 전체인 의원
들을 하나의 집단적 전체로 엮어 낸 것이다. 카로는 존
슨과 역사학자 아더 슐레진저Arthur Schlesinger가 만났던
이야기를 다음과 같이 썼다.

존슨은 민주당의 마흔여덟 명의 상원의원들 각각에 대해
작업을 했다. "내가 어떤 자들과 함께 일해야 하는지
당신도 알았으면 좋겠소." 존슨이 그렇게 말했다고
한다. 그리고 슐레진저는 당시를 다음과 같이 회상했다.
"존슨이 의원 전부는 아니지만 상당수에 대해서 얘기해
주었습니다." 역사학자로서는 결코 잊을 수 없는
작업이었다고 한다. 존슨은 상원의원들을 하나하나
훑어 갔다. 그리고 그들 각자의 장점과 약점을 읊어
댔다. 누가 지나치게 술을 좋아하는지, 누가 여자를

좋아하는지, 어떤 의원에게 자택으로 연락해야 할 때와 애인의 집으로 연락해야 할 때를 어떻게 구분하는지까지 말했다. 누가 지역의 거대 전력 회사에 조종당하는지, 누가 지역 전기 공급업자의 말을 듣는지, 누가 노조의 요청에 응하는지, 아니면 누가 농민단체 로비를 받는지. 어떤 의원이 어떤 주장에 반응하고, 어떤 의원이 그 반대 주장에 반응하는지. 그리고 존슨은 짧지만 기가 막힌 흉내를 내기도 했다는 것이다. "알콜 중독으로 문제를 일으키고 있던 의원의 차례가 되자, 존슨은 술 취한 그의 모습을 그대로 흉내 냈죠, 아주 웃기게."[5]

첫 번째 스트레치의 핵심은 실전에서 '전체'라는 것 따위는 없다는 사실을 이해하는 것이다.

모든 사회 시스템은 보다 큰 전체의 부분을 차지하는 다양한 개별적 전체들로 구성된다. 민주당 상원의원 각자가 민주당 전체 의원단의 일부인 것처럼 말이다. 작가 아서 코슬러Arthur Koestler는 동시에 전체이자 부분인 존재를 가리켜 '홀론holon'이라는 개념을 새로 만들어 냈다.[6] 예를 들어 보자. 사람은 그 자신이 하나의 전체다. 그런데 몇몇 팀에서는 한 부분을 이룬다. 그 팀은 그 자

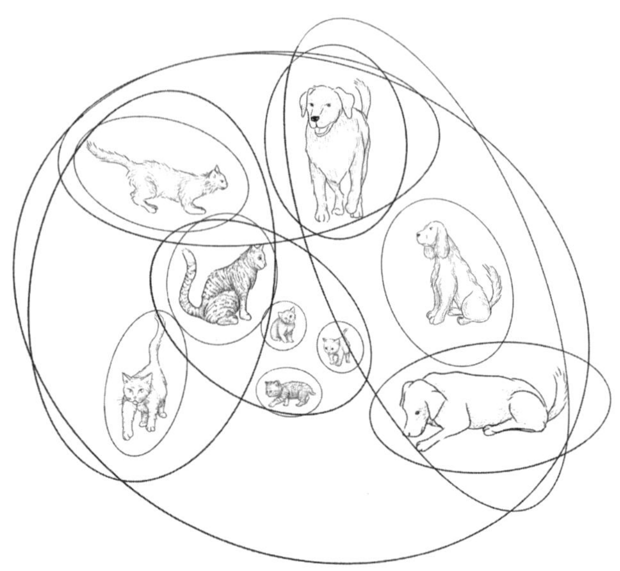

[그림10] 홀론으로 구성되는 생명체들의 시스템

체로서 또 하나의 전체다. 그러한 팀들은 다양한 조직들의 일부분을 구성한다. 그리고 그 조직들은 그 자체로 전체다. 그렇게 계속된다. 이 각각의 전체들은 모두 고유의 요구, 이해, 그리고 의지를 가지고 있다. 그리고 다중적으로 중첩된 보다 큰 전체들의 부분을 이루기도 한다. [그림10]은 그 자신 전체인 고양이 한 마리가 자기 새끼들과 전체를 이루고, 또 집안의 다른 고양이들과 전체를 이루고, 이웃에 있는 다른 개들과 전체를 이루는 등의 모습을 표현한다.

따라서 누군가 협력은 '전체의 이익'에 초점을 맞추는 것이라는 주장을 한다면, 이는 조작된 것이 아니라면 오도된 것이다. 그들이 정말로 초점을 맞추고 싶은 것은 '대부분 나에게 돌아오는 전체의 이익'이라는 의미다. 예컨대 우리가 '팀의 이익'을 우선시한다고 말하는 것은 암묵적으로 팀 구성원 각 개인(더 작은 전체)의 이익과 조직 전체(더 큰 전체)의 이익을 후순위로 미룬다는 것이다. 첫 번째 스트레치에서는 단순히 하나의 전체에 주목하는 것이 아니라, 중첩되어 있는 다중적 전체의 이익에 집중하며 그를 통해 불가피하게 드러날 수밖에 없는 풍부한 다양성과 갈등을 포괄한다.

협력을 촉진하기 위한 여러 팀을 이끌면서, 나는 팀 전체의 목표에만 집중하는 잘못을 저질렀다. 참가자들에게 개인적·조직적 목표는 문밖에 두고 오라고 암묵적으로 요구했던 것이다. 그렇게 함으로써 나는 팀이라는 거대한 전체의 이익과 개별 구성원이라는 작은 전체의 이익이 일치하는 사람은 나 자신과 아마도 팀 리더뿐이라는 사실을 애써 간과하고 있었다. 팀 전체의 이익을

옹호하는 것이 동시에 자기 자신의 이익을 옹호하는 일
이 되는 사람은 우리뿐이었다.

하나의 인간으로서 마주하기

연결과 함께 갈등도 포용하기 위해서는 참가자들의 각
기 다른 입장과 관점의 정당성을 인정해야 한다. 아무
리 혐오스러워도 모든 사람 각자의 행동에는 나름대로
의 타당성이 있다는 점을 받아들여야 하는 것이다. 국제
관계학자 메르체 테이트Merze Tate는 1942년 저서《군축
의 환상The Disarmament Illusion》에서 이 문제를 거론했다.
교육 유튜브 채널 'The School of Life'에서는 그 내용을
다음과 같이 요약하고 있다.

테이트는 갈등의 근본 원인이 굴욕감이라고 생각한다.
굴욕을 당한 국가나 개인은 무장 해제하려 하지
않는다. 복수를 할 수 있을 정도로 강해지기를 간절히
원한다. 따라서 평화로 가기 위해서는 상대방의
조건에 맞게 그들의 존엄성을 인정해야 한다. 그러나

그들이 생각하는 명예가 우리의 생각과는 완전히
다를 수 있기 때문에 쉽지 않은 일이다. 테이트는
평화의 대가란, 우리 시각에서 상대방이 '틀렸다'고
생각되는 지점까지도 허용하는 것이라고 주장한다.
존중받는다고 느끼는 자만이 무장 해제할 수 있다.
수많은 평화 계획이 실패한 이유가 여기에 있다.
합리적 선택을 위해, 상대가 받을 상처가 얼마나 클지
제대로 인식하지 못했던 것이다. 테이트는 우리가
옳다고 관철하려는 시도를 멈출 때 평화가 이뤄질
수 있다고 말한다. 적에게조차 평등을 인정할 때
비로소 그들에게 우리를 신뢰하라고 요구할 수 있다는
것이다.[7]

타인과의 인간적 유대가 생길 때 갈등과 연결을 함께 받
아들일 수 있게 된다. 워크숍에서 내가 자주 써먹는 간
단하지만 강력한 기법이 있다. 참가자들에게 자신과 가
장 다르다고 생각하는 누군가와 짝을 이뤄 30분간 산책
을 하도록 권하는 것이다. 단순하지만 참가자들이 자신
의 상황과 해야 할 일을 파악하는 데 가장 큰 효과가 있
는 방법 중에 하나다. 왜 그럴까?

우선 산책이라는 메커니즘 자체가 효과적이다. 서로 연결되기를 바라는 두 사람이 신선한 공기를 마시며 편안한 상태로 나란히 걷는다. 서류나 휴대폰 같은 방해 요소 없이, 짧은 여정 동안 마주치는 모든 것들을 함께 대하며 격식 없이 대화를 나누는 것이다. 멕시코스 포시블레스 워크숍에서 이 방식을 체험했던 가톨릭 신학자 루실라 세르비체Lucila Servitje는 효과가 있는 이유에 대해 좀 더 깊이 있는 설명을 내놓았다. 걷는 동안 개인적이고 비공식적인 이야기를 나누는 일이 중요한 까닭은, 관계 속에 인간적인 포용성이 생기고 이 받아들여지는 느낌이 참가자들의 사고와 행동을 변화시킬 수 있기 때문이라고 한다. 이러한 순서, 즉 먼저 사람으로서 받아들여지고 그 다음에 자신의 입장을 다시 생각하게 되는 것은 먼저 고백하고 다음으로 용서를 받는 가톨릭의 전통적 고해성사와는 반대다. 그녀는 이러한 산책이 마치 신의 은총 같은 것이라고 말한다. 즉 우리가 거저 받으면 되는 사랑이다. 적과의 협력에 있어 나란히 걷기는, 사람들이 자신이 가진 사랑과 권력을 발휘할 수 있게 해주는 정의로운 구조이자 형식이라고 할 수 있다.

사랑과 권력은 정의를 통해 순환한다

심리학자 베리 존슨Barry Johnson은 협력 참가자 각자의 자기주장과 자기실현의 동력(권력)과 참가자들이 서로 관계를 맺거나 결합하려는 동력(사랑)은 상반된 것이 아니라고 지적한다. 각각이 하나의 극단을 이루고 있다는 것이다. 이러한 양극성 속에서 두 극 사이의 관계는 들숨과 날숨의 관계와 유사하다. 우리는 들숨과 날숨 중 하나만 선택할 수 없다. 들이쉬기만 한다면 이산화탄소 과다로, 내쉬기만 한다면 산소 부족으로 죽을 것이다. 두 가지를 모두 다 해야 한다. 다만 동시에 할 수는 없고 교대로 해야 한다. 우리가 건강한 상태라면 비자율 생체 순환 시스템에 의해 들숨과 날숨의 필수적 교체를 유지할 수 있으며, 이를 통해 생존과 성장이 가능해진다.

존슨의 도식화는 다중적 전체와 함께하기 위해 사랑과 권력을 활용하려면 우리가 무엇을 해야 하는지 설명한다. 협력에 대한 나의 초기 이해, 즉 조화를 포용하고 불일치를 거부한 것이 적용성과 효율성을 제한했다. 조화만을 추구했던 협력 시도는 대부분 실패했고, 결국 순응, 강행, 이탈의 방식으로 귀결되고 말았다.

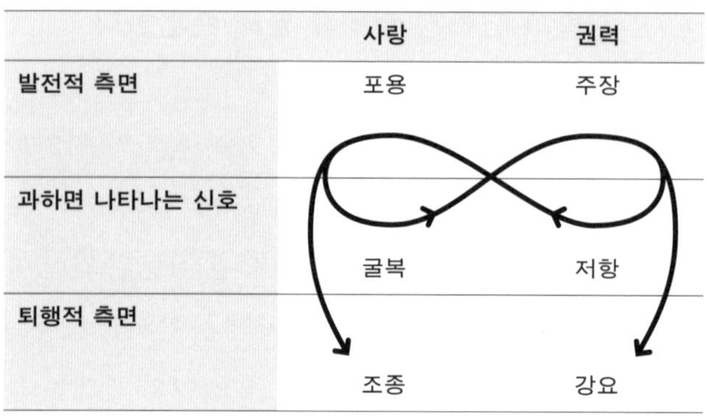

[그림11] 사랑과 권력 사이의 교체

협력을 할 때는 사랑과 권력을 교대로 실행해야 한다. 일단 타인과 관계를 맺는다. 관계에서 포용이 지속되고 심화되면, 어떤 경우에는 융합되거나 굴복하는 듯한 불편한 느낌을 받는다. 관계를 유지하기 위해 중요한 부분이 종속되거나 타협해야 한다는 느낌이다. 이러한 불편한 감정 또는 반응은 우리에게 중요한 것을 주장하거나 관철하는 쪽(아레나스와 스즈키가 했던 방식)으로 전환해야 한다는 신호를 주는 것이다. 그러나 주장이 지속되고 강화되면, 벽을 쌓거나 밀어내거나 반발하는 결과를 낳는다. 이러한 반응은 다시 포용 쪽으로 선회할 필요가 있다는 신호다.

230

포용과 주장의 경계를 오가야 하는 강박감을 이해하려면, 이 두 가지 반응이나 불편함을 느끼는 경계를 외면하거나 넘어서 버릴 때 무슨 일이 벌어지는지 따져 봐야 한다. 상대의 저항하려는 시도에 대해 우리의 주장을 계속 밀어붙이기만 한다면 우리에게 중요한 것을 그들에게 강요하거나 전가하게 되며, 이로 인해 그들을 쫓아버리거나, 굴복시키거나, 짓밟거나, 심지어 죽이는 결과에 이르게 될 것이다. 이로 인한 위험은 널리 알려져 있다. 따라서 주장이 너무 강하게 이뤄지고 있고 포용이 필요하다는 신호를 통해 저항의 느낌을 파악하는 것이 중요하다. 필요할 때 이루어지는 포용은 강한 주장이 초래하는 퇴행을 막아 줄 수 있다. 반면에 타인이 손해를 보고 있다고 느낄 수 있는 지점까지 타협이 계속된다면 우리가 그들을 조종하거나 무력화시키거나 억압하는 결과를 낳을 것이다. 상대적으로 이로 인한 위험은 덜 인식되고 있는데, 포용과 타협이 너무 지나쳐 각각의 주장을 강화할 필요가 있다는 신호를 통해 굴복의 느낌을 파악하는 것이 중요하다. 필요할 때 이루어지는 주장은 포용이 초래하는 퇴행을 막아줄 수 있다.

포용과 주장을 교대로 활용하는 데 있어서 핵심은 각

각의 방식을 언제 적용해야 할지 아는 것이다. 이를 통해 퇴행이 되지 않도록 생산적인 사이클을 유지해야 한다. 캐나다의 알루미늄 회사인 알칸Alcan의 CEO였던 데이비드 컬버David Culver는 탁월한 경영자로 잘 알려져 있다. 그가 은퇴했을 때, 사회 혁신에 관한 연구자인 프랜시스 웨슬리Frances Westley가 탁월함의 비결에 대해 묻자 그는 이렇게 답했다. "자비가 필요하다고 느낄 때는 지독해지려고 애썼고, 지독해져야겠다고 느낄 때는 자비로워지려고 했습니다." 포용과 주장 사이를 오가기 위해서는 불균형, 즉 퇴행을 향해 경계를 넘어서고 있음을 알리는 피드백에 주의를 기울여야 하고, 그에 상응하는 재균형 조치를 취해야 한다. 우리의 포용이 굴복에 이르게 되고 조종으로 이어질 위험에 처하게 된다면 주장을 해야 할 때다. 우리의 주장이 저항을 불러일으켜 강행의 위험에 빠지게 된다면 포용을 해야 할 때다. 목표는 가만히 균형을 유지하는 것이 아니라 역동적 불균형을 인지하고 바로잡는 것이다.

제약 없는 포용이 초래하는 덜 알려진 위험은 몽플뢰르의 대화와 포용을 통한 타협 이후에 내가 놓친 부분으로, 바로 주장과 다툼을 거부하는 모습이다. 내가 그랬던 것처럼 제약 없는 주장의 위험성에만 집중한다면 포용을 한쪽의 극단이 아니라 이상적인 것으로 오해하게 되면서 반대편에 함정을 만들어 내게 된다는 점을 존슨은 지적했다. 내가 저지른 실수는 주장을 야만적이고 위험한 것으로 거부하면서 이를 그림자 속으로 떠밀어 버린 것이다. 그렇다고 주장이 사라지는 것도 아니었고, 단지 보이지 않는 곳에 숨겨진 채 모르는 척 불명확하게 실행되었을 뿐이다.

심리학자 제임스 힐만James Hillman은 나처럼 '지원 업무'를 하는 많은 사람들이 주장과 권력을 외면하는 실수를 저지른다는 점을 지적했다. 그는 다음과 같이 썼다.

권력으로 인한 갈등은 왜 이토록 무자비할까? 이 부분은 갈등이 일상으로 보이는 정치와 사업 직군보다 이상주의적인 직군, 즉 성직자, 의료, 예술, 교육, 간호 등의 분야에서 더 심한 까닭은 무엇일까? 사업과 정치에서는 이상주의가 적은 대신, 음지의 감각이 더욱 강한 것처럼 보인다. 권력이 억제되지 않고 오히려 일상의 동반자처럼 살아 있으며, 사랑의 적대자 취급을 받지도 않는다. 권력이라는 개념

자체가 사랑의 비현실적 대립물로 전락한다면, 권력은 정말로 부패할 것이다. 부패는 권력으로부터 비롯되는 것이 아니라 권력에 대한 무지에서 시작되는 것이다.[8]

주장을 차단하면 그것을 오도하게 되고 그 결과 퇴행과 위험을 초래한다. 힐만이 지적한 것처럼 사업과 정치에서는 주장(경쟁과 대립)의 가치가 보편적으로 인정되며, 그에 따라 주장과 포용의 공존 역시 인정된다. 예컨대 공정한 경쟁이 일어날 수 있는 공론장 유지를 위해 협력하는 경우다. 그러나 협력의 장에서는 주장보다는 포용이 필요하다는 일반적 오해가 있기 때문에 생산적 주장을 할 수 있도록 노력을 기울일 필요가 있다.

포용에만 집중하고 주장을 펼칠 여지를 두지 않는 전통적 협력 방식은 경직되고 취약해질 수 있다. 그리고 무기력하고 정체하게 된다. 반면에 첫 번째 스트레치에서는 사랑과 권력, 연결과 갈등, 포용과 주장 사이에 생산적인 순환이 이루어지고, 이를 통해 가족, 조직, 국가 등 현안을 마주하고 있는 사회적 시스템은 진보할 수 있게 된다. 그리고 정의는 존슨의 호흡을 예로 든 생리적 구조처럼 순환을 가능하게 하는 구조 또는 형식을 이루게 된다. 즉 공정한 협력은 모든 협력 참가자들이 포용과 주장을 할 수 있도록 구조화되어 있다고 할 수 있다.

약한 동력을 강화하기

권력과 사랑에 관한 강의를 하면서, 대부분의 사람들이 사랑과 포용 또는 권력과 주장 중 어느 한쪽에서 더욱 편안함을 느낀다는 것을 알게 되었다. 사람들의 선호는 개인적이고 문화적이다. 스트레스가 적은 상황(동료나 친구)에서는 두 개의 동력을 유연하게 활용할 수 있지만, 스트레스가 높은 상황(반대자나 적)에서는 자신들이 편안하다고 느끼는 영역 한쪽을 기본값으로 놓고 그쪽으로 치우치게 된다. 더 강한 쪽의 동력을 과도하게 사용하는 것이 위험하다고 인식하고 자제하는 경우도 종종 있다. 내게 이런 말을 하는 사람들도 있었다. "직장에서는 권력을 행사하는 게 더 편하게 느껴져요. 사랑은 집에서나 필요하다고 생각하죠. 하지만 그러다 보면 결과적으로 남을 못살게 군다는 비난을 받게 돼요. 그래서 권력을 쓰는 것을 절제하게 됩니다." 게다가 사람들은 자신이 강한 쪽 동력을 활용하는 데 집중하고 다른 동력은 배우자, 동업자, 타 부서 직원 등 다른 부서 사람들이 행사하도록 내버려 두기도 한다.

스트레치 협력에서는 사랑과 권력 모두를 포괄할 필요가 있다. 스스로 위축되어서 자신의 강한 동력을 약하게 쓰거나, 약한 동력을 남에게 맡겨 버린다면 힘든 상황에서는 협력에 성공할 수 없다. 반대로 행동할 필요가 있다. 오히려 약한 동력을 계속 활용하여 그것을 강화해야 한다. 스트레치가 필요한 것이다.

포용과 주장을 모두 활용하는 기술이란, 필요한 순간에 흐름을 바꾸는 반대 방향의 움직임을 취할 수 있을 만큼 기민하고 용감해지는 것이다. 포용이 주도적 분위기인 상황이나 시스템에서 강하게 주장하기 시작하면 무례하거나 공격적으로 보일 수 있다. 강한 주장이 주도하는 상황이나 시스템에서 포용을 시작하면 허약하거나 불성실한 것으로 보일 수 있다. 따라서 흐름에 역행하려면 인내가 필요하다. 주도적인 흐름에 대한 좌절, 의심, 두려움이 촉발되는 순간을 기다렸다 균형을 맞추기 위한 움직임을 시도해야 한다.

함께 살아가는 일의 역동성

다양한 전체들의 조화를 이루기 위한 방법을 모색하는 일은 직장뿐만 아니라 가정에서도 필요하다. 결혼 상담사 존 고트만John Gottman이 조사를 수행하고 마이클 풀와일러Michael Fulwiler가 논의에 참여한 연구 결과, 다음과 같은 사실이 밝혀졌다.

관계에서 발생하는 갈등의 69%는 영구적인 문제에 관한 것이다. 모든 커플이 그러한 문제를 가지고 있는데, 이러한 문제는 어떤 두 사람이든 마주할 수밖에 없는 근본적인 차이에 뿌리를 두고 있다. 반복적 갈등을 유발하는 성격상의 근본적 차이거나 또는 생활방식에 근본적 차이가 있기 때문이다. 우리 연구의 결론은 영구적 문제를 해결하려고 하기보다는 그 문제를 두고 대화할 수 있는 틀을 설정하느냐 못하느냐가 중요하다는 것이다. 만약 그러한 대화의 틀을 만들어 낼 수 없다면 갈등은 교착 상태에 빠지고, 누적되는 갈등은 결국 감정적 단절로 이어진다.[9]

우리는 차이를 없애는 것이 아니라 그 차이와 함께 사는 방법을 찾음으로써 협력에 이를 수 있다. 멕시코와 콜롬비아에서 활동하면서 스페인어권 사람들이 convivencia(동거)라는 단어를 영어권 사람들이 coexistence(공존)라는 단어를 쓸 때와 같은 맥락에서 사용한다는 사실을 알게 되었다. 여기에는 의미심장한 측면이 있다고 생각했다. 'convivencia'라는 단어는 커플이 함께 산다는 바로 그 의미이기 때문이다. 만일 우리가 "나는 나의 파트너와 공존합니다"라고 말하면, 아주 냉정하고 정적인 느낌을 줄 것이다. 그러나 'convivencia'에는 함께 살아간다는 것의 뜨거운 역동성이 함축되어 있다.

서론에서 언급했던 멕시코스 포시블레스 프로젝트는 현재까지 약 10년 동안 운영되고 있다. 2017년 9월 19일 진도 7.1의 강진이 멕시코시티와 인근 지역을 강타해 400여 명이 사망하고 6,000여 명이 부상당했다. 당시에 나는 프로젝트 하부 조직 두 팀과 함께 일하고 있었다. 한 팀은 2년, 다른 한 팀은 겨우 2개월을 함께했다. 두 팀은 각각 다른 왓츠앱WhatsApp을 활용하고 있었는데 지진이 발생하자 양쪽 모두에서 즉각적으로 사고 상황과 해야 할 일에 대한 채팅이 시작되었다. 그날 이후

며칠 동안 실시간으로 양쪽 채팅 내용을 확인하면서 서로 강조점이 다르다는 사실에 충격을 받았다. 새로운 팀은 비난에 중점을 두고 있었다. 예를 들어 어떤 정치인과 정부부처가 비효율적으로 대처하고 있는지, 누가 부패한 방식으로 불량 건축물에 허가를 내주었는지 등에 관한 얘기였다. 오래된 팀은 협력에 중점을 두고 있었는데, 어떤 사람이 푸에블라시로 보급품 조달을 주선할 때 현지에 도착하면 배달 운전기사가 누구와 접촉해야 하는지 등에 관한 얘기였다. 사실 오래된 팀 구성원들 역시 전에는 서로에 대해 동의하지 않는 사이였고, 몇 년이 지나도록 그들의 이념적 차이는 워크숍을 시작할 때만큼이나 첨예했다. 그러나 서로에 대해 알게 되고 신뢰하게 되면서, 함께 중요한 일을 할 수 있을 정도가 된 것이다. 축적된 관계가 진전을 가능하게 한 것이다. 멕시코스 포시블레스와 레오스파트너스의 여러 팀들은 이 책 서론에서 설명한 대로 지속적 긴장 관계였음에도 불구하고 생산적 협력을 할 수 있게 된 것이다.

요약하자면 갈등과 연결을 모두 포용하기 위해 필요한 핵심적 실천은 바로 사랑과 권력의 행사 방식에 유의하는 것이다. 가장 소중하게 챙기는 집단 전체의 단결과 이익을 강하게 주장하는 것처럼, 사랑을 지나치게 행사하고 있음을 느낀다면 권력을 행사하면서 그로 인해 생겨나는 갈등과 불편을 감수하면서 살아야 한다. 반면에 가장 중요하다고 생각하는 일부 구성원의 이해관계와 일부분의 이익 실현을 고집하는 방식으로 권력을 과도하게 사용하고 있다는 것을 인지한다면, 사랑을 행사하면서 그로 인해 발생할 수 있는 집단 우선주의나 속박을 감수해야 한다.

이러한 맥락에서 정의는 사랑과 권력의 생산적 교체를 실행할 수 있게 해주는 관계 설정의 구조 또는 본질이라고 할 수 있다. 따라서 첫 번째 스트레치는 3장에서 설명했던 세 가지 기본적 동력 모두를 활용해야 한다. 차이를 넘어선 협력을 위해서는 동료 참가자들과 함께 갈등과 연결 모두를 포용해야 한다. 이를 위해서는 포용과 주장 모두를 활용하며, 각각이 하나의 전체인 다중적 개체들과 함께하고, 사랑과 권력의 교체를 위해 정의를 활용해야 한다.

갈등과 연결을 포용하기 위한 스트레칭

이 매뉴얼은 갈등과 연결을 동시에 포용하는 능력을 키워 줄 수 있는 두 가지 부분을 탐색하는 데 도움이 될 것이다. 첫 번째 부분에서는 협력에 필요한 합의를 하는 데 있어서 자신이 설정하고 있는 전제 조건에 대해 살펴본다. 두 번째 부분에서는 협력에서 긴장이 발생할 때 자신의 편향성(어디로 기울어지는지)에 대해 살펴본다. 이 스트레치는 협력에 있어서 갈등과 연결 모두를 협력에 초대하는 것과 같다. 일단 이러한 복잡성을 업무에 불러들인다면 양 측면 모두를 활용하면서 적절한 역동적 균형을 이룰 수 있는 능력을 강화해야 한다. 지금의 목표는 스트레치, 즉 이전보다 조금이라도 더 앞으로 뻗는 것이다.

◉ 필수 합의 사항에 대해 판단하기

함께 일하려 한다면 그 협력에 참여하는 모든 사람이 공유해야 한다고 믿는 모든 합의 사항의 목록 작성부터 시작한다. 이 목록은 협력이 이루어지기 위해 필요한 것이 무엇인지에 대한 명시적 또는 암묵적 신념이라고 할 수 있다. 다음에 유의하여 작성한다.

- 협력의 범위와 권한
- 목표 또는 결과
- 가치 또는 원칙
- 공동 작업의 방법
- 의사 결정 구조
- 소통 규칙
- 역할과 책임

◉ 합의의 필요성에 대해 검토하기

목록의 개별 사항에 대해 다음 질문을 검토한다.

- 이 사항에 대해 합의하지 못한다고 해도 계속
  협력할 수 있는가?

함께 일할 수 있는 방법을 찾을 수 있다면, 그 사항을 목록에서 제외한다. 목록을 모두 검토한 후에 남은 사항에 대해 다음 질문을 적용한다.

- 그 합의 내용을 우회할 방법이 있는가? 또는 당장 합의하지 않아도 되는가?

불편함을 느낄 수도 있지만, 이러한 스트레치를 통해 성급하게 단결을 강행하지 않고 다양성을 위한 공간을 확보할 수 있을 것이다.

◉ 중요한 협력에서 어느 쪽으로 기울어지는가?

당신에게 중요했던 협력 사례 중 긴장감이 들었던 현재 또는 과거의 사례를 떠올려 보자.

- 협업 전체의 통합, 즉 사랑을 우선시하여 중요한 차이점들을 외면하거나 억압했던 적이 있었는가?
- 구체적으로 어떤 방식으로 그런 일이 벌어졌나? 그런 일이 벌어졌다는 것을 어떻게 알게 되었는가?
- 그러한 접근 방식에 영향을 주는 조건이 있었나?

있다면 무엇인가?

- 당신의 역할이나 배경이 그 방식에 어떻게 영향을
  미치는가?

- 협력 참가자 각자의 요구를 수용, 즉 권력을
  우선시하여 연결과 결속이 무너진 적이 있는가?

- 구체적으로 어떤 방식으로 그런 일이 벌어졌나?
  그런 일이 벌어졌다는 것을 어떻게 알게 되었나?

- 그러한 접근 방식에 영향을 주는 조건이 있는가?
  있다면 무엇인가?

- 당신의 역할이나 배경이 그 방식에 어떻게 영향을
  미치는가?

◉ **미세 스트레칭, 접근 방식 조정하기**

사랑에 지나치게 기울었다면, 오늘은 권력을 행사해
본다.

- 단결을 이루기 위한 표현을 위축시키는 것은
  무엇인가?

- 협력을 훼손하지 않고 강화하는 쪽으로 자신의
  이익이나 관점을 어떻게 주장할 수 있는가?

- 말이나 행동을 통해 좀 더 큰 권력을 발휘할 수

  있는 구체적 방식이 있다면 그 한 가지는 무엇인가?

권력에 지나치게 기울었다면, 오늘은 사랑을 행사해
본다.

- 의견 불일치 때문에 결합을 거부한 적이 있는가?
- 다른 관점을 가진 사람들이 그들의 의견을 경청하고

  있다고 느끼도록 어떻게 하면 공간을 만들 수 있을

  것인가?
- 말이나 행동을 통해 좀 더 큰 사랑을 발휘할 수

  있는 구체적 방식이 있다면 그 한 가지는 무엇인가?

● NEXT STEP

작은 행동 하나를 행하고, 스스로 진단해 보자.

- 양쪽 방향으로의 스트레치 협력을 시도했을 때

  무엇을 파악했는가? 무엇이 어려웠는가? 협력에

  있어서 새롭게 열린 가능성은 무엇인가?

오늘 당장 극한까지 스트레치를 할 필요는 없다. 이전보
다 조금만 더 하면 된다. 내일은 조금 더 스트레치 할 수
있는지 살펴본다. 시간이 가면 갈등과 연결의 교차 지점
에서 일하는 일이 편안해질 것이다.

7장

두 번째 스트레치

실험을 통해 나아가기

협력의 두 번째 차원은 상황의 측면, 즉 협력을 통해 해결하고자 하는 문제 상황에 접근하는 것이다. 앞서 논했듯이 갈등과 복잡성이 낮은 상황에서 이루어지는 전통적 협력은 해결하고자 하는 문제, 그 문제에 대한 최선의 해법, 그 해법을 실행하는 방법, 누가 무엇을 수행할 것인지에 대한 합의를 통해 이루어진다. 그러나 갈등과 복잡성이 둘 다 또는 하나라도 높은 상황에서는 사전에 해법에 대해 동의할 수 없다. 협력 참가자들이 사전에 눈을 맞추고 의견을 나눌 수 없을 뿐만 아니라 그렇게 한다고 해도 결과를 예측할 수 없기 때문이다. 두 번째 스트레치는 여러 옵션을 시도해 보면서 한 번에 하나씩 무엇이 실제로 효과가 있고 진전에 도움이 되는지 파악해 보는 것이다. 물론 쉽고 간단한 일은 아니다. 다양한 상황에서 확신이 부족한 방법들을 시도하는 것에 대해 많은 사람들이 위험하다고 느낄 것이다. **그렇다면 어떻게 앞으로 나아갈 방법을 실험할 것인가?**

함께 살기 위한 새로운 방법 찾기

수십 년에 걸쳐 이루어진 민주주의와 평화의 진전을 일거에 쓸어버리는 권위주의적이고 폭력적인 강압의 흐름이 세계 도처에서 벌어지는 모습을 보며 불편함을 느끼지 않을 수 없다. 바스크Basque 지방은 스페인 북부의 자치 지역으로, 40여 년의 독재 정권 치하에서 계속되는 권위주의와 폭력 통치를 이겨 내고 민주적이고 평화로운 사회를 지속적으로 구축하고 있다. 2024년 10월, 그곳에 방문해서 그들이 어떻게 계속 앞으로 나아갈 길을 모색하고 있는지에 관하여 이야기를 나누었다.

바스크족은 피레네Pyrenees산맥 서쪽 끝부터 비스케이Biscay만 일대에 거주하는 수백만에 달하는 원주민 종족이다. 오랜 역사 속에서 문화적 자부심을 간직하고 있으며, 강력한 가부장제, 민족주의, 평등주의를 지켜 왔다. 이를 통해 산업화를 이루었고 자신들만의 노선을 추구하는 정치적 자치를 위해 투쟁해 왔다. 1959년부터 2011년까지 스페인 정부와 ETA Euskadi Ta Askatasuna('바스크와 자유'라는 이름의, 바스크 분리주의 무장 조직) 사이에는 현대 서유럽에서 가장 오랫동안 지속된 폭력적 대립이 계속되고 있었다. 그 갈등이 절정에 달했던 2002년, 남아공의 차이를 넘어서는 협력의 경험을 공유하기 위해 바스크 지방을 방문했다. 그때 만났던 평화운동가 고르카 에스피아우 Gorka Espiau는 당시의 근본적 긴장 관계에 대해 다음과 같이 명쾌하게 설명해 주었다. "당신이 나의 적인데, 그런 당신이 내가 살해당해도 좋다고 찬성할 것이고, 또 인간 생명에 대한 최소한의 존중 따위는 아예 없다는 것을 안다면, 내가 어떻게 마음을 열고 인간적 대화를 나눌 수 있겠습니까? 그런데 그런 대화 없이 어떻게 폭력을 멈출 수 있겠어요? 살육을 멈추기 위한 합의를 이루기 위해서는 정치적 대화부터 시작해야 합니다. 그런 뒤에 보다 근원적 갈등을 풀어내는 데 필요한 인간적 대화를 할 수 있을 겁니다."

2002년의 방문을 통해 그곳의 정치, 사람들, 토양, 음식 등이 내 마음속에 자리 잡았다. 2024년에 이르자 폭력적 갈등은 종식되었다. 이 지역은 번창하고 있었으며, 이제 스페인 내 다른 지역에 비해 가장 높은 가구당 중위 소득, 가장 낮은 실업률과 빈곤율을 기록하고 있다. 소득 불평등의 수준도 가장 낮은 상태다. 평화는 번영을 가능하게 했고, 번영은 평화를 굳건하게 했다. 이 놀라운 변화에 대해 제대로 살펴보기 위해 다시 방문하고 싶다고 에스피아우에게 메일을 보냈다. 그는 아란차줄랩Arantzazulab 민주주의 혁신 연구재단의 운영이사인 나이아라 고이아Naiara Goia를 소개해 주었고, 그녀가 나를 초청했다. 고이아는 정부 관리, 기업인, 연구자, 학생 등과 2주간의 회의와 면담 일정을 잡아 주었다. 만나는 사람마다 자신 앞에 놓인 도전적 과제를 해결하기 위해 혁신적 접근법을 창출해 내려는 열정을 가지고 있어 감동을 받았다. 고이아의 말대로 '사회적 자본과 민주적 문화의 기반 위에 세워진 참여와 공동체의 전통'을 바탕으로 전통적 협력과 스트레치 협력 모두를 포괄하는 모습이었다.

에스피아우와 그의 팀 동료들과 함께 아지레 레헨

다카리아Agirre Lehendakaria 사회혁신센터에서 아침을 보냈다. 그들은 바스크어 단어 쿨투라kultura에서 유래한 소위 'K 요소'라는 문화적 공식에 대해 연구하고 있었다. 자기책임, 집단적 행동, 경쟁력, 회복 탄력성, 평등을 포괄하는 의미였다. 빌바오Bilbao 도시재생, 몬드라곤 Mondragon 협동조합, 대규모 사회적 경제 생태계, 집중적 클러스터 전략, 첨단 및 제조 기술 지역 동맹, 20년 역사를 지닌 기본소득 정책, 고대 인도유럽어 이전 단계인 바스크어 부활 작업, 평방미터당 가장 많은 숫자의 미쉐린가이드 선정 레스토랑 밀집도 등 그 지역이 최근에 보여준 상호연결된 수많은 성취와 실적들의 저변에 K 요소가 깔려 있다고 그들은 주장했다.[1] 그들은 바스크 지방까지도 휩쓸고 있는 글로벌 트렌드에 대처하기 위해서는 K 요소를 지속 가능하게 활용해야 한다고 생각하고 있었다. 내가 만났던 모든 사람들은 그러한 트렌드, 즉 성장과 번영, 자본주의, 경쟁 심화, 소비주의, 세계주의, 디지털화, 국제화, 이민 증가 그리고 무엇보다도 개인주의에 등에 대해 우려하고 있었다. 이 모든 흐름이 K 요소의 역사적 기반이 되어 온 공동체주의를 약화시키고 있다는 것이었다. 그렇다면 과연 K 요소란 무엇일까? 그들이 새롭게 마주하고 있는 복잡한 상황에 잘 대처할 수 있는 스트레치 협력의 바스크적 방식이라고 할 수 있을까? 궁금하지 않을 수 없었다.

고이아와 나는 다른 날 아침에는 몬드라곤 협동조합 본사에서 모임을 가졌다. 몬드라곤은 81개의 협동조합 기업으로 구성된 연합체다. 각 기업은 종업원들이 소유하여, 의사결정을 하고, 투표를 통해 경영진을 선출한다. 최고 임금과 최저 임금의 비율은 7:1을 넘지 못한다. (마드리드 증권거래소 상장기업의 평균 비율은 77:1이다.) 고용인원 70,000명, 세계 150개국에 판매망이 있는 바스크 지방 최대 기업이자 세계 최대 산업협동조합이다. K 요소의 성공 사례로 꼽히는 경우도 자주 있다. 그러나 조합의 대외협력 프로그램 책임자 안데르 에체베리아-오타두이Ander Etxeberria-Otadui는 특별한 바스크 문화를 거론하는 것에 대해 불만을 표했다. 평등주의에 기초한 협동조합이라는 점 이외에는 전통적 경영 방식으로 글로벌 시장에서 경쟁하는 기업이라는 입장이었다. 회사 소유주인 종업원들도 일과가 끝나면 술집에 가서 일에 대한 불평을 털어놓는 직장일 뿐이라는 얘기였다. 에체베리아-오타두이는 말했다. "《더 뉴요커》라는 시사

주간지 매체의 기자가 '뜨거운 열기의 종업원 총회'를 취재하러 오겠다고 하더군요. 하지만 그게 볼셰비키 집회 같은 게 아니에요. 그냥 평범한 업무 회의일 뿐이거든요." 몬드라곤은 팀워크, 적절성, 공정성이라는 업무 수행과 관련된 전통적 협력의 아주 훌륭한 본보기인 것이다.

그 후 나는 몬드라곤 대학에서 기업 리더십과 혁신 과정을 전공하는 4년제 국제학부 학생들을 만났다. 1학년 초에 각 학생은 협동조합 기업을 만들고 운영해야 하는 그룹에 배정된다고 한다. 성적은 오로지 그 조합의 성공 여부에 달려 있다. 참가자들이 협력 체계에 맞게 자신을 종속시켜야 한다는 점에서 전통적 방식의 완벽한 사례라고 할 수 있다. 학생들은 다양한 팀 구성원들과 협력에서 일상적으로 일어날 수 있는 좌절에 얽매이기도 한다고 했다. 세션이 끝날 무렵 나는 이런 방식의 협력 모델과 **상반되는** 사례는 무엇이 있을지 질문했다. 한 학생이 손을 들었다. "일론 머스크Elon Musk의 스타십 X입니다." 며칠 전 화려하게 발사에 성공했던 프로젝트 얘기였다. 협력, 특히 스트레치 협력이 어려운 이유 중 하나는 이 학생처럼 야심이 있는 기업가의 관점에서 보면 협력이 권위적인 강행 방식보다 훨씬 더 복잡하고 힘들어 보인다는 것이다.

이어서 아란차줄랩 팀과 나는 기푸스코아Gipuzkoa 지방 정부 관계자인 올라츠 에라즈킨Olatz Errazquin과 세바스찬 주루투자Sebastian Zurutuza를 만났다. 내가 차이를 넘어선 협력에서 맞닥뜨리게 되는 도전 과제에 대해 관심이 있다고 말하자 그들은 잠깐 서로를 쳐다보더니 그게 자신들의 일상 업무라고 말했다. 다른 정당들, 지위가 다른 사람들, 정부 각 부서, 비정부단체 활동가들과 함께 일해야 한다고 했다. "민주주의의 위기에 대응하기 위해 새로운 협력과 실험을 할 수 있도록 새로운 공공 의제 설정 방식을 추진하고 있습니다"라고 설명했다. 이를 위해 정부 내외부에 공간과 구조를 마련했다고 한다. 시민들이 정부에 바라는 것과 정부가 제공하는 것 사이의 불일치에 대해서는 "극단주의를 피하고 조직화된 시민사회와 시민들과의 가교를 놓는 방법으로, 정치 참여와 관여의 새로운 문화를 통해" 해결해 나가야 한다고 말했다.[2] 기푸스코아 지방정부는 시민들과 권력을 공유하기 위해 수평적으로 스트레치를 하고 있는 것이다.

바스크 사람들과의 대화를 통해 내가 파악한 바로는 그곳의 젊은 사람들은 새로운 상황에 대처하기 위해서는 그들의 문화가 바뀔 필요성을 특별히 강조하는 것 같았다.

3장에서 설명한 협력의 요건인 사랑·권력·정의에 대해 바스크 사람들이 어떻게 균형을 이루고 있는지 논의할 기회가 있었다. 세 명의 젊은 여성이 균형을 잡는 기존 방식, 즉 단순하고 안정적이며 가부장적이고 보수적인 전통적 방식이 무너지고 있으며 복잡하지만 유연한 방식이 떠오르고 있다고 주장했다. 이오네 아르다이즈Ione Ardaiz는 이렇게 말했다. "이제 바스크인다워지는 방식이 하나가 아닙니다. 우리의 예술과 정치, 우리가 입는 옷, 듣는 음악, 삶의 욕구까지 다양합니다. 바스크인의 정체성은 현재의 상황과 우리 지역 고유의 가치를 접목시키는 방향으로 끊임없이 형성해 갈 필요가 있다고 봅니다." 줄리아 마르테스Julia Martinez는 말했다. "사랑·권력·정의를 실행하는 데 우리 전통문화는 한 가지 방식을 제공했지만, 그러나 이제 상황이 바뀌었어요. 바스크 지역의 인구 구성도 다양해지고 정체성과 소속감도 다원화되고 있죠. 바스크가 하나만은 아닙니다." 이티아르

모레노Itziar Moreno는 말했다. "오늘날에는 정의가 경제적 평등만을 의미하지 않습니다. 성차별과 관련된 근본적 불평등 같은 문제도 다뤄져야 합니다." 이런 식으로 많은 바스크인들이 스트레치 협력을 하고 있는 중이다.

에스피아우는 수십 년 동안 바스크 지방을 비롯하여 여러 지역에서 그곳 사람들이 마주하게 되는 지역문제들을 해결할 수 있도록 지원하는 스트레치 방식을 개발해 왔다. 그가 내게 다음과 같은 말을 했다.

기후변화나 어르신 돌봄과 같은 복잡한 과제는 기술관료주의적 접근, 즉 전문가의 해결책을 톱다운 방식으로 내려 주는 식으로는 성공적으로 풀어 갈 수 없습니다. 이러한 접근은 실행 과정에서 반발을 불러올 수 있죠. 또한 최선이라고 생각하는 단일한 해결책이나 문화에 단순하게 동의하고 밀어붙일 수도 없습니다. 시민들에게, 아래로부터 위로, 무슨 일이 벌어지고 있는지 진심을 다해 들어야 합니다. 경청한 내용을 집단적으로 해석하고, 이로부터 해결책의 포트폴리오를 만듭니다. 그런 후에 실제로 효과적인 것이 무엇인지 찾기 위해 실험해야 합니다. 바스크 지방과 같은 유럽

민주주의에서의 혁신에 있어서는, 싱가포르나 두바이 같은 권위주의적 접근이나 미국식 신자유주의 방식이 아니라 대화를 통한 접근이 필요합니다. 장기적으로는 우리의 방식이 더 지속 가능하고 경쟁력이 있을 겁니다. 우리처럼 오래된 사회가 생존해 온 것은 회복 탄력성과 적응력 덕분입니다.

나는 솟아오르는 듯한 현대식 프란치스코 대성당으로 유명한 산속의 작은 마을 아란차주에 머물며, 일주일 동안 '아란차줄랩' 사무실에서 글을 썼다. 프란치스코 대성당은 과거 스페인 독재 시절 바스크 문화를 지켜 내는 데 핵심적인 역할을 했다. 지금은 수도사가 많아 남아 있지 않고, 신자는 대부분 노인이다. 어느 일요일, 미사에 가서 스크린에 뜨는 바스크어 가사로 된 찬송가를 따라 불렀다. 그러다 문득 세속적이고 개인주의적인 내가 남들이 하는 대로 흐름에 몸을 맡기는 일이 그리 많지 않다는 사실을 깨달았다. 또한 나는 팀워크나 조화, 공정함이라는 틀을 넘어선 '확장'에 깊이 몰입해 있다는 점도 다시 한번 느꼈다.

아란차줄랩의 사명은 다음과 같다. "우리의 문화와

가치를 바탕으로 기여한다. … 협력적 실험적 방식으로 민주주의를 심화하고 혁신한다." 당시에 그들은 "정부와 조직된 시민과 사회의 협력 네트워크 강화를 통해서만 당면한 복합 위기에 대응할 수 있다"[3]라는 이론을 검증하고 있었다. 내가 함께하는 동안 그들은 사흘에 걸쳐 민주주의 혁신 국제회의를 개최했다. 발표자들은 바스크 지방, 프랑스, 이라크, 영국, 캐나다, 필리핀 등 전 세계에서 진행 중인 실험들을 공유했다. 그 내용은 사회실험실, 시민의회, 집단적 리더십, 숙의민주주의와 국민투표형 민주주의, 참여적 서비스 디자인, 협력적 거버넌스, 공적 숙의, 그리고 정부 제도의 전환 등 서로 중첩되는 다양한 모델들을 활용하여 현대 사회의 당면 과제를 해결하기 위해 필요한 거버넌스 과정을 새롭게 구축하려는 스트레치 협력의 시도들이다. 이렇듯 전 세계에서 함께 살아가기 위한 실험들이 이뤄지고 있다.

장팡주이Fang-Jui Chang는 대만에서 2014년에 학생들 주도로 일어났던 '해바라기 운동Sunflower movement'을 통해 민주주의 혁신이 활짝 피는 과정에 대해 발표했다. 그녀는 다음과 같이 주장했다. "차세대 민주주의를 향한 진전을 위해, 지배와 통제로부터 벗어나 공동책임으로 전환하자는 게 당시 혁신의 핵심이었습니다. 각자 자신의 책임을 분담하지 않는다면 단순한 소비자와 피지배자로 전락할 것입니다. 이를 극복하기 위해서는 선출 대표제에 대한 의존에서 벗어나 공동책임과 분담을 통해 진정한 주체성을 고양시키는 작업이 필수적입니다. 직접 참여를 통해 지역의 특정한 요구를 관철시켜 나갈 수 있을 것입니다."[4] 그녀는 민주주의의 실천이 전통적 방식에서 스트레치 협력, 즉 주체성, 소속감, 상호성의 증대로 전환하고 있는 현상을 설명한 것이다.

우리는 돌을 더듬으며 강을 건너고 있다

스트레치 협력은 출발하기 전에는 경로를 알 수 없다. 예측과 통제가 가능하지 않으며 오직 길을 가며 길을 찾을 수 있을 뿐이다. 이러한 실천을 통한 배움은 흥미롭지만 불안한 일이기도 하다. 제대로 할 수 없을지도 모르는 일을 시도해야 하기 때문이다. 내가 배운 교훈의 대부분은 성공이 아니라 실패를 통해서였다. 때로는 '실패해도 안전한' 여건에서 일하는 행운도 있지만, 안타깝게도 실패로 인해 위험하거나 처벌받을 수도 있는 불안정한 조건에 처할 때도 있다. 그만큼 실험에는 신중함이 필요하다.

스트레치 협력의 참가자들은 서로 충분히 동의하거나 좋아하거나 신뢰하지 않기 때문에, 소극적이고 단기적이며 위험이 낮은 계획 이외에는 어떤 일에도 적극적 참여를 꺼리기 마련이다. 그리고 자발적이고 잠정적으로 협력에 참여하고 있으므로 어느 누구도 다른 사람을 통제할 수 없다. 협력에서 이탈할 수 있는 선택권이 있는 것이다. 또 자신이 하고 싶은 일을 하기 때문에 다른 일을 하라고 강요하거나 설득할 수도 없다. 경영학 교수 피터 센게Peter Senge는 이렇게 말했다. "대부분의 리더십 전략은 처음부터 실패할 운명이다. 변화를 부추기는 리더는 자신이 키우는 식물을 내려다보며 '어서 커라! 더 애써 봐! 할 수 있어!'라고 애원하는 정원사와 같다. 어떤 정원사도 식물이 '원해서' 자라도록 설득하지 않는다. 식물에게 고유한 성장 잠재력이 없다면 누구도 변화를 만들어 낼 수 없는 것이다."[5] 스트레치 협력은 가드닝과 같다. 집단적 노력으로 꽃을 피울 수 있는 조건 일부를 만들어 낼 수 있지만, 꽃을 피우라고 지시할 수는 없다. 마찬가지로 사람들이 억지로 협력하도록 만들 수는

없지만, 걸림돌이 되는 장애물 일부를 치울 수는 있다.[6]

협력 참가자들이 실행 계획에 기꺼이 동의한다면 시작은 할 수 있겠지만 변화 과정의 끝을 보장할 수는 없다. 갈등과 복잡성이 큰 상황에서 계획이 제대로 작동할지, 즉 참가자들이 약속대로 행동할지, 그 행동이 의도한 효과를 가져올지의 여부를 알 수 있는 유일한 방법은 실행해 보는 것뿐이다. 이러한 상황에서 우리의 아이디어가 계획대로 이루어질 것이라고 가정하는 것은 오만하고 비현실적이다. 해결책에 합의했다고 할 때 그 진정한 의미는 그 방안에 대한 가설에 합의했다는 것이며, 이제 그것을 시행해 봐야 할 뿐이다.

따라서 스트레치 협력은 단순한 거래나 합의를 넘어서는 것이다. 계속 진행 중이며 문제가 새롭게 떠오르는 과정이다. 따라서 합의보다는 실행 그 자체가 중요하다. 각양각색의 사람들이 각자 지지하는 서로 다른 실험과 가설의 포트폴리오를 협력 참가자들이 자유롭고 창의적으로 실행해 볼 수 있는 환경을 만들어 내는 것이 스트레치 협력의 핵심이다. 이는 3장에서 설명한 실행 매뉴얼에 따라 평등과 상호성을 기반으로 하는 구조적 협력을 통해 이루어져야 한다. 그렇게 함으로써 앞으로 나아가는 경로를 창조해 내는 것이다. 협력이 성공한다는 의미는 참가자들이 서로 동의하거나 좋아하거나 신뢰한다는 것이 아니다. 그럴 때도 있지만 그렇지 않을 때도 있다는 것이며, 협력에 있어 진정한 성공의 의미는 앞으로 나아갈 수 있다는 것이다.

우리는 균열과 함께 전진한다. 균열은 시스템 내 붕괴와 희망이 교차하는 지점, 즉 사태가 전환되고 무언가 새로운 것이 떠오르는 바로 그 지점이다. 이는 마치 식물이 싹을 틔우며 뚫고 나오는 땅 위의 틈새와도 같다. 스트레치 협력에서 우리는 한 걸음 한 걸음, 불완전하지만 섬세하게, 시행착오를 거치며 균열을 발견하고, 열어젖히고, 그 사이로 통과해 나간다.[7] 불확실성과 논쟁 속에서 앞으로 나아갈 방법을 만드는 것이다.

중국 공산당 지도자 덩샤오핑Deng Xiaoping은 중국의 경제 발전 방법론을 설명하며 이런 비유를 사용했다고 한다. "우리는 돌을 더듬으며 강을 건너고 있다."[8] [그림 12]는 정해진 목적지에 도달하는 데 있어서, 복잡할 수도 있는 경로를 가는 방식에서 한 걸음씩 더듬으며 앞으로 나아가는 방식으로의 전환을 표현한다. 경영학 연구에서는 어떤 집단이 앞으로 나아가는 길을 느낌으로 찾

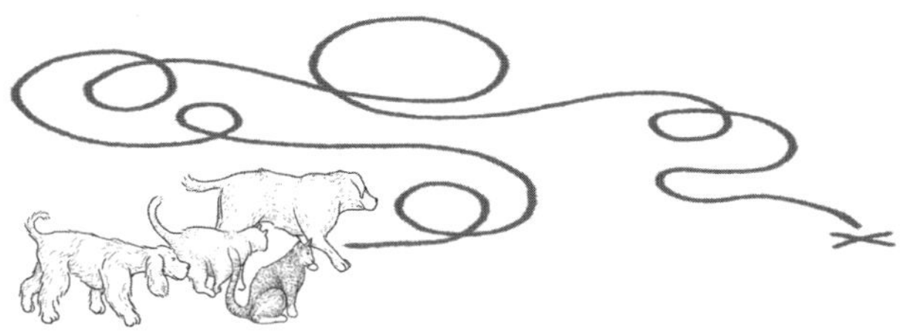

[그림12] 상황을 고려하는 스트레치 협력

아가야 한다는 입장이 정립되어 있다. 조직 이론가 칼 웨이크Karl Weick는 스위스에서 군사 훈련을 하던 한 부대 병사들의 이야기에 대해 쓰기도 했다. 어쩌면 떠도는 이야기일지도 모른다.

알프스산맥에 주둔하고 있던 헝가리의 소규모
파견부대의 젊은 중위가 얼어붙은 황야로 정찰대를
보냈다. 얼마 지나지 않아 눈이 내리기 시작하더니
이틀 동안 계속 내렸고, 정찰대는 돌아오지 않았다.
중위는 부하들을 죽음으로 내몬 것은 아닌가 하는
괴로움에 시달렸다. 그런데 사흘째 되던 날 정찰대가
돌아왔다. 그들은 폭설이 내리는 상황에서 어떻게
길을 찾았을까? 그들이 말하길, 길을 잃었다고
생각하고 죽을 각오를 했다고 한다. 그런데 대원
중 한 사람이 주머니에서 지도를 찾았다고 한다.
그러자 마음이 놓였다는 것이다. 야영지를 차리고
눈보라를 견뎌 냈고, 지도를 보며 방향을 찾아 돌아올
수 있었다. 중위는 그 소중한 지도를 받아 찬찬히
살펴보다 깜짝 놀랐는데, 그 지도는 알프스산맥이
아닌 피레네산맥 지도였던 것이다.[9]

위크의 주장은 꼭 좋은 지도나 계획이 있어야 앞으로 나
아갈 길을 찾을 수 있는 것이 아니라는 의미다. "일단 행
동을 시작하고, 상황에 따라 가시적 결과를 만들어 내
고, 이를 바탕으로 무슨 일이 벌어지고 있는지, 파악해

야 할 것이 무엇인지, 그리고 다음에 해야 할 일이 무엇인지 찾아냄으로써" 앞으로 나아가야 한다는 것이다. 여기에는 명확한 비전이나 목표가 필요하지 않다. 위기나 문제 상황을 극복할 수 있다는 정서와 의지의 공유가 필요할 뿐이다. (앞에서 예로 든 병사들에게는 눈보라를 이겨 내는 것이었다.) 스트레치 협력은 합의된 목표를 달성하기 위해 뛰어난 계획을 신중하게 실행하는 것이 아니라 행동과 그 행동을 통해 얻게 되는 배움으로 추진해 나가는 것이다. 협력이 순조롭게 풀린다면, 참가자들은 (헝가리 병사들처럼) 희망, 각성, 에너지, 유연성, 상호지원으로 임할 수 있게 된다.

응변 전략

경영학 교수 헨리 민츠버그Henry Mintzberg는 이 원리를 더욱 발전시켰다. 그는 목표를 실현하는 두 가지 상반된 방식이 있다고 주장한다. 첫 번째 방식은 계획과 의도를 실현하기 위한 의도적 전략이고, 반면에 계획이 아예 없거나 어긋나더라도 실현해 내기 위한 응변 전략이 두 번째 방식이다. 그는 여러 조직을 관찰한 결과 의도적 전략을 실제로 실행하거나 할 수 있는 경영자는 거의 없다는 사실을 파악했다고 한다.

어떤 전략이 의도대로 완벽하게 실행되려면, 즉 실제로 실행된 전략(행동의 패턴)이 계획된 것과 정확히 일치하려면, 최소한 세 가지 조건이 충족되어야 한다. 첫째, 조직 내부적으로 매우 구체적이고 명확하게 표현된 의도가 존재해야 한다. 둘째, 조직이란 기본적으로 집단적 행위이기 때문에 그 의도가 조직 전체의 뜻인지에 대한 의문의 여지를 없애려면 그 내용이 모든 구성원에게 공유되어야 한다. 즉 구성원들이 그 의도를 본인의 것으로 받아들였거나, 또는 일정한 통제 방식에 따라 리더로부터 지시받았어야 한다. 셋째, 이러한 집단적 의도가 정확하게 그 뜻대로 실현되어야 한다. 외부적 요인(시장, 기술, 정치 등)의 간섭을 받지 않아야 한다는 의미이다. 다시 말해 완벽하게 유리하거나 또는 예측할 수 있는 환경, 혹은 조직의 완벽한 통제하에 있어야 한다는 것이다. 이 세 가지 조건은 매우 까다로운

충족 요건이기 때문에 실제 조직에서 완벽하게 의도적 전략을 찾아보기란 불가능에 가깝다.[10]

갈등과 복잡성 정도가 낮은 조직 내부 상황에서조차 이러한 조건을 구현하기 힘들다면, 그 정도가 높고 조직 간 연계가 필요한 상황에서는 '절대 불가'다. 따라서 스트레치 협력에서는 계획적이라기보다는 주로 응급 대응으로 전진한다. 응변 전략은 실험에 의해 이루어진다. 우리는 효과가 있을 것 같은 아이디어를 실험해 보고 그 결과를 통해 배운다. 가정을 명확하게 설정하고 검증하면서 가능한 초기 단계, 즉 규모가 작고 수정 비용이 적게 드는 시점에 오류를 발견하려고 노력한다. 실수는 실패가 아니라 또 다른 성공이라는 점을 우리는 알고 있다. 실패 없이는 배울 수 없다. 행동이 지연되면 더 크고 값비싼 실수를 저지르게 된다.

모호함 속에서 길을 잃지 않는 법

실험의 과정은 곧 창조의 과정이다. 이 원리는 예술가 제프 바르넘Jeff Barnum이 파블로 피카소가 투우사 그림을 그리는 과정을 저속 촬영 사진으로 보여주며 제시했다.[11] 피카소는 캔버스에 대충 몇 개의 표시를 하면서 그리기 시작한다. 이어서 세부 작업을 하고 색을 입힌다. 그리고 그것을 계속해서 수정하고 덧칠하기를 반복한다. 그러다 정중앙에 아름답게 그려져 있는 황소의 머리를 완전히 지워 버리기도 한다. 바르넘은 다음과 같이 설명했다.

창조의 과정은 마음속에서 이미 보았거나 알고 있는 것을 투사하는 것이 아니라 발견해 가는 과정입니다. 예술가들은 정신적으로 이미 완성된 그림을 드러내는 게 아닙니다. 특별한 영감에 조응하는 형태를 찾아내기 위해 그 매체가 지닌 고유한 속성과 한계 안에서 탐색합니다. 피카소가 창조만큼이나 기꺼이 파괴하는 모습을 볼 수 있죠. 창작자는 전체의 출현을 방해하면서까지 소중한 일부에 집착하려는 경향을 단호하게, 치열하게 내려놓을 수 있어야 합니다. 피카소가 추구한 것은 아름다운 얼굴이나 완벽한 손이 아니라, 특별한 생각과 감정을 전달하는 전체적 구성입니다. 기능에 부합하는 형식을 찾아내려 한 것이죠. 여기서 필요한 내적 자세는 제대로 작동하지 않는 것을 버리는 과감함과 새로운 해법을 제시하는 담대함입니다.

창조적 과제의 시작 단계에서는 하고자 하는 목표에 대한 아이디어는 있지만 거기에 이르는 방법은 알지 못할 수도 있다. '창의성'이라는 단어는 너무나도 느슨하게 쓰여 그 본질적 의미를 놓치는 경우가 많다. 그것은 바로 아직 존재하지 않는 무언가를 만들어 낸다는 뜻이다.

멕시코스 포시블레스 프로젝트의 한 과정에서는 참가자들이 즉흥 게임을 통해 실험과 학습 훈련을 경험했다. 나의 동료 엘리자베스 피닝턴Elizabeth Pinnington은 '돌고래' 역할을 할 사람 한 명을 참가자 중에서 신청을 받았다. 노련한 커뮤니티 조직가인 카를로스 크루즈Carlos Cruz가 자원했고, 엘리자베스는 그를 잠시 방에서 내보냈다. 트레이너 역할을 하기로 한 나머지 참가자들은 돌고래가 배워야 할 몇 가지 행동에 대해 합의했다. 의자를 들어 창문 아래로 옮기고 그 위에 앉는 동작이었다. 이제 돌고래가 방으로 들어와 자기가 무슨 일을 해야 하는지 알아볼 차례였다. 누구도 말이나 몸짓을 할 수 없었다. 다만 돌고래가 자신이 해야 할 동작에 정확하게 근접하면 박수를 칠 수 있었다.

이 게임은 앞으로 나아갈 방법을 실험하는 데 있어서 필요한 핵심 역량을 드러낸다. 즉 행동하고, 배우고, 전환하는 능력이다. 이 게임에서는 트레이너의 역할이 중요하다. 트레이너가 혼란스럽거나 상반되는 반응을 보인다면, 돌고래는 아무것도 배울 수 없기 때문이다. 신중하고 적절하게 박수를 쳐서 돌고래가 성공하도록 돕는 트레이너도 있었지만, 생각 없이 경솔하게 돌고래를 혼란에 빠트리고 허둥대게 만드는 사람도 있었다. 돌고래의 행동 또한 중요하다. 돌고래 역할은 스트레스를 많이 받는다. 크루즈는 성공 방법을 이해하기 위해 애쓰는 동안 초조해졌고 땀을 많이 흘렸다. 돌고래가 서로 다른 동작을 계속해서 실험하면서 강한 긍정의 박수를 끌어내는 동작을 연결해 가는 것이 핵심이었는데, 실패하는 돌고래는 곤경에 처하게 된다. 마비된 듯 우두커니 서서 생각만 하거나, 박수를 끌어내지 못하는데도 부정확한 동작을 똑같이 되풀이하는 것이다. 크루즈는 성공할 때까지 다른 동작을 계속했다.

인간관계, 비즈니스, 정치, 예술 등 모든 활동 영역에서 사람들은 오래된 방식에 얽매여 새로운 길을 찾지 못하는 경우가 많다. 그럴 때면 방법을 찾을 때까지 무언가 다른 시도를 계속해야 곤경에서 빠져나올 수 있다. 그것이 축구선수가 상대가 수비하고 있는 경기장에서 볼을 차는 방식이며, 과학자가 가설을 명확하게 세우고 검증하는 방식이고, 기업가가 시장에서 다양한 시도를 해 보는 방식이다. 피카소가 캔버스에 물감을 칠하고, 한 걸음 물러서서 바라보며 자신이 창조하고자 하는 무언가의 올바른 표현을 찾아 반복적으로 덧칠했던 것도 바로 이 방식이다.

창의적으로 나아갈 길을 발견하기 위해 필요한 훈련은 피카소처럼 무언가를 시도하고, 한 걸음 물러서서 결과를 바라본 다음, 그것을 바꾸는 과정을 반복하는 것이다. 나는 이 책을 쓰면서 이 방법을 배웠다. 몇 달 동안 내가 말하고자 하는 바를 생각하고 개요를 작성하더라도, 실제로 글을 쓰고, 내가 쓴 내용을 살펴봐야만 무엇이 말이 되고, 무엇을 다시 써야 하며, 다음에 무엇을 써야 할지 알 수 있었다. 부족한 글을 수백 번 고쳐야만 좋은 결과물을 얻을 수 있는 것이다.

이런 방식으로 일하려면 불충분하고 미완성된 결과

를 보면서 '난 실패자야!'라고 느낄 것에 대한 두려움이나 '이게 정답이야!'라고 생각하는 집착에 빠지지 말아야 한다. 벌어지길 바라는 일이 아니라, 실제로 벌어진 일에 주의를 기울여야 한다. 언제 어떻게 결과가 드러날지, 심지어 성공할 수 있을지도 몰라 불편하고 혼돈스러운 상황에서도 평정심을 유지할 수 있어야 한다. 시인 존 키츠John Keats는 이를 "소극적 수용 능력negative capability"이라 불렀으며, "사실과 이성을 성급하게 찾아내려 하지 않고, 불확실성, 신비로움, 의구심 속에 머물 수 있는 능력"이라고 정의했다.[12] 나 역시 내가 훈련받았던 계획-합의-실행 모델에서 벗어나 '불확실성, 신비로움, 의구심' 속에서도 편안해질 수 있고 앞으로 나아가는 방법을 느끼는 스트레치 협력을 해야만 했다.

차이를 넘어서는 협력이 어려운 까닭은 화가나 시인처럼 혼자서 하는 작업이 아니라, 상대방 심지어 적과 함께 우리에게 정말 중요한 과제들에 대해 인내심과 여유를 가지고 실험과 반복을 계속해야 하며 또한 실패가 공개적으로 노출될 위험을 감수해야 하기 때문이다. 그렇게 한 번에 한 걸음씩 나아가며 배울 수 있어야 한다. 핵심은, 앞으로 나아가는 것이다.

실험을 통해 나아가는 스트레칭

이 매뉴얼은 간단한 의도적 실험을 통해 신속한 탐구 습관을 키우는 데 도움된다. 이 실험들을 통해 협력 참가자들과 함께 앞으로 나아갈 방법을 찾을 수 있을 것이다. 다음 단계들은 각자의 세부적 접근 방식을 개발하기 위한 기본적 안내이며, 부록의 '보충 자료'를 통해 더 많은 도움을 받을 수 있다.

◉ 과제를 파악하기

극복하고자 하는 문제가 무엇인지 파악한다.

- 과제는 해석이나 신념에 의해서가 아니라 관찰을 통해 파악해야 한다.
- 모든 과제를 다 나열할 필요는 없다. 가장 시급한 것부터 시작하고, 나중에 같은 방식으로 더 많은

과제를 탐색하자.

- 각 과제에 대해 "어떻게 하면 ~할 수 있을까?" 또는 "만약 ~할 수 있다면?"과 같은 식으로 프레임을 만든다.

◉ **간단한 실험을 설계하기**

- "어떻게 하면 ~할 수 있을까?" 또는 "만약 ~할 수 있다면?"이라는 질문에 대한 답을 브레인스토밍해 본다.
- 가장 에너지를 불러일으키는 실험 아이디어를 선택한다. 공개적으로 이에 대해 배울 수 있을 정도로 대담해진다면 이 아이디어들이 해결해 줄 수 있는 게 무엇인지 세심하게 주의를 기울일 필요가 있다.
- 아이디어의 근거가 되는 가설들에 대해 파악한다. 보통 가설은 행동(행동하려는 또는 하지 않으려는 것) 또는 가치(중요하거나 그렇지 않다고 생각하는 것)와 관련된 것이다.
- 가설 중 하나를 검증하기 위한 간단하고 쉬운 실험을 설계한다.

- 유용한 결과를 얻기 위해 성공에 집착하지 말라.
  기대하지 않은 결과가 나와도 배울 것이 있다.
  가설이 타당하다면 무엇을 배울 수 있는가? 가설이
  타당하지 않다면 무엇을 배울 수 있는가? 두 가지
  경우 모두에서 실행 가능한 데이터나 통찰을 얻을
  수 있다면 그에 따라 진행하고, 그렇지 않다면 실험
  설계를 수정한다.
- 다른 관점이나 반대 의견을 가진 사람들을 포함해서
  협력 참가자들과 함께 가능한 시험에 대해 고민하고
  논의해 본다.

◎ **시도하기**(단, 과도한 계획을 세우지 않기)

- 보완하고 수정한 새로운 실험을 시작한다.
- 완벽함보다 속도와 학습에 집중한다. 다양한
  관점에서 보는 피드백이 학습에 무슨 도움이 될
  것인가?
- 예상하지 못한 반응과 의도하지 않는 결과에 주의를
  기울인다.

◉ **학습하기**

- 무슨 일이 일어났는가? 무엇을 배웠는가?

- 무엇이 놀라웠나? 무엇이 효과가 있었고, 무엇이 효과가 없었나?

- 새롭게 떠오른 질문은 무엇인가?

◉ **조정하고 다시 시도하기**

- 배운 것에 근거하여 접근 방식을 수정한다.

- 핵심 요소(방법, 가설, 프레임 등)를 변경하여 다시 시도한다.

- 이 과정을 반복한다.

- 협력 참가자들과 함께 검토한다.

- 당신에게는 보이지 않지만 그들에게 보이는 것이 무엇인지 질문한다.

- 함께 다음 실험을 새롭게 설계한다.

● **NEXT STEP**

이 매뉴얼을 통해 나아가기란 완벽한 계획에 관한 것이 아니라 함께 행동하고 배우고 조정하며 방법을 찾는 과정이라는 점을 알 수 있다. 실패를 피하는 것이 목표가 아니다. 실패를 통해 무언가 새로운 깨달음을 얻는 것이 목표다. 당신의 방식에 이의를 제기하는 사람도 함께 참여시킨다. 이 실행 방법은 적용, 학습, 성찰이 나선형을 이루는 과정이다.

참가자 중에는 무엇이 중요한지, 무엇에 집중해야 하는지에 대해 다른 의견을 가진 사람들이 있을 것이다. 초기 단계에서 일관성을 강요하기보다는 다양한 관점에서 여러 실험을 병행하도록 한다. 이를 통해 서로 관심이 다른 사람들도 가치 있게 느끼게 되고 실험에서도 다양한 학습 경험을 얻게 될 것이다. 이제 시도해 보자. 지금 앞에 놓인 과제를 제대로 파악하기 위해 실행할 수 있는 작은 실험 한 가지는 무엇인가?

8장

세 번째 스트레치
게임 속으로 뛰어들기

협력의 세 번째 차원은 우리 자신과 관계 맺는 것이다. 전통적 협력에서는 우리는 각자의 일을 하고 다른 사람들은 그들의 일을 하도록 하는 데 집중한다. 여기서 '다른 사람들'이란 우리의 공동 활동을 통해 혜택을 받거나 그 대상이 되는 협력체 외부의 사람들일 수도 있고, 혹은 조직의 목표에 발맞추고 업무를 지원하기 위해 행동을 수정해야 한다고 생각되는 동료 협력자들일 수도 있다. 이러한 접근 방식은 갈등과 복잡성이 낮은 상황에서는 효과적이다. 그러한 상황에서는 우리가 타인의 행동에 영향을 미칠 것이라고 확신할 수 있으며, 그 행동이 의도한 결과를 낳을 것이라고 기대할 수 있기 때문이다.

그러나 갈등이 많거나 복잡한 상황에는 그러한 가정들이 모두 성립되지 않는다. 그렇다면 우리 자신이 지금 생각하고, 느끼고, 행동하는 쪽으로 초점을 전환할 필요가 있다. 즉 지금 상태에서 우리는 어떻게 기여하고 있는지, 그리고 상황을 변화시키기 위해 우리가 지금과 다르게 해야 하고 할 수 있는 일은 무엇인지에 집중해야 한다. 단순히 상황을 지켜보고 비난하고 타인을 설득하느라 시간을 낭비할 수는 없다. 직접 나서야 한다. 세 번째 스트레치는 경기장 밖에서 게임 속으로 들어가는 것과 같다. 이 또한 단순하거나 쉽지 않다. 많은 사람들은 행동의 한가운데로 자신을 밀어 넣거나 또는 이미 그 속에 들어와 있다는 것을 자각하고 전심전력을 다하는 것을 두려워한다. **과연 어떻게 게임 속으로 뛰어들 것인가?**

그들이 바뀌어야 해!

협력에 관한 나의 전문적 경력은 차이를 넘어서 함께 일할 수 있도록 사람들을 도와주는 컨설턴트와 퍼실리테이터 역할이 거의 대부분이다. 그런데 내가 직접 협력 참가자 중의 한 명이 된 적이 있었다. 그때는 나 스스로 많은 스트레치를 해야 했고, 협력의 진정한 의미가 무엇인지에 대해 많은 것을 배울 수 있었다.

2005년과 2006년 사이에 인도 마하라슈트라Maharashtra 주에서 아동 영양실조를 줄이기 위한 야심 찬 협력 사업을 공동 주관한 적이 있다. 바비샤 연대('bhavishya'는 힌두어로 '미래'라는 의미)는 인도 정부 기관, 유니세프, 다국적 기업과 인도 기업, 비정부기구 및 지역사회단체를 포함한 26개의 기관으로 구성되었다. 이 기관들에서 8주간 '사회 실험'을 진행하며, 자기 직원들 56명을 전담 근무자로 파견했다.[1] 이 팀의 임무는 영양실조를 줄이기 위한 혁신적인 조직 간 협력 방안을 공동으로 만들어 내는 것이었다. 이 작업을 통해 바비샤 연대는 영양실조 감소에 지대한 영향을 미친 몇 가지 사업들을 6년 동안 성공적으로 수행할 수 있는 발판을 마련했고, 인도에서 부문 간 협력의 선구적 사례가 되었다.[2] 그러나 바비샤 연대가 내게 미친 가장 큰 영향은 그 첫 8주 동안 **성공하지 못한** 일들로부터 비롯되었다.

연구는 높은 기대와 강한 압박 속에서 시작되었다. 참여 기관들은 이 야심 찬 프로젝트를 추진하기 위해 많은 투자를 했다. 어느 순간 우리가 조직하고 있던 일의 복잡성이 나를 압도했고, 나는 사업가이자 공직자인 아룬 마이라Arun Maira를 찾아 조언을 구하며, 그에게 우리가 해야 하는 일이 정말로 무엇인지를 물었다. 그는 이렇게 답했다. "많은 이해관계자들이 모여 문제를 해결하려고 하면 대부분 **다른 사람**의 생각과 행동을 바꾸기만 하면 된다고 믿는다는 점을 기억하십시오. 모두가 그 문제에 관여하고 있는데, 모든 잘못이 전적으로 다른 사람들에만 있을 수는 없는 법입니다! 이럴 때 진정한 혁신은 변화를 위해 이해관계자 스스로가 어떤 행동이 필요한지 돌아보도록 이끄는 것입니다."

계획 초안의 제출 마감 기한이 다가오면서 압박과 스트레스가 점점 커졌다. 우리의 설계가 제대로 작동하지 않을까 걱정되었고, 나의 리더십도 위축되고 경직되기 시작했다. 팀원들과의 거리가 점점 멀어졌고, 상황을 파악하고 신중하게 대처하는 능력도 약해졌지만, 계획을 더욱 굳게 부여잡고 나와 팀을 더욱 강력하게 몰아붙인다면 목표를 달성할 수 있을 거라고 생각했다.

8주 과정이 끝나는 마지막 날, 참여 기관의 책임자들(연구팀원들의 상사들)을 대상으로 네 가지 계획안을 발표하는 회의를 진행했다. 팀원들은 지쳤지만 열심히 했고 어느 정도 성과에 만족하고 있었다. 그러나 그 자리에 모인 상사들은 다르게 보았다. 몇몇은 제안에 대해 비판적이었고, 타당성 또는 가능성에 대해 의문을 제기했다. 그날 하루가 끝날 즈음, 결국 우리의 계획은 대부분 승인을 받지 못했으며 팀원들은 당황했고 의기소침할 수밖에 없었다. 나 역시 망연자실했다. 연구팀은 그 후 사흘 동안 당황스럽고 실망스러운 결과에 대해 검토하는 시간을 가졌다. 모두가 실망하고 상처받았고, 많은 사람들이 일이 잘못된 것에 대해 나를 비난했다. 내가 그들의 적이었다. 내 인생 그 어느 때보다도 굴욕적이었고 화가 났다. 서론에 쓴 10년 후에 멕시코에서 겪었던 일보다 더 강렬했다. 인도를 떠나 집으로 와서도, 몇 달 동안 매일매일 내가 당한 부당한 대우를 곱씹었고, 적들에게 복수할 방법을 상상하기도 했다. 물론 나도 실수를 저질렀고, 그런 상황을 처리하는 방식을 바꿔야 한다는 것을 알고 있었지만, 내가 피해자라는 생각에 결국 다른 사람들이 바뀌어야 한다고 믿게 되었다. 다른 사람들이 바뀌려고 똑같이 노력하지 않는데 나만 혼자 고치려고 애쓸 필요는 없다고 생각했다. 그러던 어느 날 철학자 마르틴 부버Martin Buber가 쓴 글을 읽었는데, 다음과 같은 내용이었다.

> 인간이 자기 자신을 다른 개인들과 대비되는 고립된 개체로만 바라보고, 자신의 변화가 세상의 변화에 기여할 수 있는 점을 인식하지 못하는 관점에는 근본적 오류가 있다. 본질적인 건 자기 자신으로부터 시작하는 것이며, 바로 이 시작의 순간에 인간은 그 시작 외에는 세상 그 무엇에도 신경 쓸 필요가 없다. 이와 다른 태도는 시작하고자 하는 일을 위축되게 할 것이며, 주도성을 약화시키고, 결국 대단한 시도 전체를 좌절시키게 될 것이다.[3]

이 글을 읽으며 여기서 지적한 근본적 오류를 내가 범하고 있다는 것을 깨달았다. 내가 해야 할 일로부터 나 자신을 위축시키고 있었던 것이다. 다른 사람들이 무슨 일을 해야 하는지에 초점을 맞추는 것은 나에게는 아무런 쓸모가 없다. 마주하고 있는 과제들을 효과적으로 해결하기 위해서는 타인이 아닌 내가 다르게 해야 할 일이 무엇인지에 집중해야 했던 것이다.

적대시는 타인에게 집중하는 것이다

이는 타인뿐만 아니라 나 자신에게서도 자주 관찰되는 행동 패턴이다. 도전적이거나 스트레스가 큰 상황에 직면할 때 우리는 무엇보다도 먼저 다른 사람들은 무엇을 하거나 안 하는지, 혹은 무엇을 해야 하는지에 집중한다. 마이라가 말한 것처럼 대부분의 습관적 사고는 "**그들이** 바뀌어야 해!"다. 우리가 바뀌어야 한다고 생각하는 타인은 멀리 있을 수도 있고 가까이 있을 수도 있다. 특정한 개인일 수도 있고 익명의 대중일 수도 있다. 우리는 그들을 적 또는 친구라고 생각한다. 유머 작가 제롬 K. 제롬_{Jerome K. Jerome}은 다음과 같이 썼다. "나는 일을 좋아한다. 일은 매혹적이어서, 몇 시간이고 앉아서 바라볼 수 있다."[4] 다른 사람을 탓하는 것은 자신이 할 일을 회피하는 흔한 방식이다.

협력에 관해 내가 가장 많이 받는 질문 유형은 "어떻게 하면 그들을 ~하게 할 수 있을까?"다. 위계적이고 흑백논리적인 사고방식을 드러내는 질문으로, 대상을 그들, 영웅과 악당, 선과 악, 무죄와 유죄, 친구와 적으로 가르는 발상이다. 그러나 전혀 위계적이지 않은 회색지대에서 협력해야 한다면 우리는 누구에게든 아무것도 시킬 수 없다. 따라서 다른 접근이 필요하다. 우리는 자신을 방어하고 정당화하기 위해 다른 사람을 비난하고 적대시한다. 우리 주변에서 벌어지고 있는 드라마의 주인공은 나라고 자기중심적으로 생각한다. 따라서 도전적 상황을 경험하면, 스스로 방어해야 할 공격을 받은 것처럼 반응한다. 사람들은 패배하고 상처받는 것을 두려워하기 마련이어서, 자신이 옳고 타인이 틀렸다고 주장함으로써 상황에서 스스로를 분리하거나 방어 태세를 취한다. 타인과 협력하면 우리가 오염되거나 변절될지도 모른다고, 즉 자신이 믿는 가치와 정체성을 배신하게 될까 봐 두려워한다.

때로는 적을 마주하기도 한다. 여기서 적이란 우리를 해치거나 위태롭게 할 수 있는 사람들과 상황들이다. 게다가 세상에 변화를 일으키려는 우리의 어떤 시도는 불편함, 저항, 반대를 불러일으킨다. 적을 만드는 행위의 문제점은 우리를 위축되게 하고 균형을 잃게 한다는 점이다. 그로 인해 다른 사람들과 협력하기로 선택하기가 더 어려워지고, 강행과 적응, 이탈을 선택하기가 더 쉬워진다. 우리는 까다롭고 도전적인 타인을 피할 수 없기

에, 이러한 난관 속에서 우리 스스로는 다음에 무엇을
할 것인지 결정하는 데 집중해야 한다.

자신이 어떻게 문제의 일부가 되는지
알 수 없다면 해법의 일부도 될 수 없다

주어진 상황에서 관계와 역할을 이해하는 것에는 두 가
지 방법이 있다. 하나는 무대 위의 배우들에게 연기를 지
시하는 연출가처럼 혹은 그것을 지켜보는 관객처럼 자신
의 역할을 보는 것이다. 이 두 가지 경우 모두 자기 자신
을 상황과 분리되어 있는 외부자로 본다. 그리고 그 상황
은 위로부터(연출가에 의해서) 만들어진 것으로 본다. 배
우들은 연기의 창조자이지만, 감독은 독보적인 리더 또
는 창조자 그 이상의 존재다.

　역할을 바라보는 또 다른 방식은 배우 또는 관객이
자 연기자인 '스펙트액터spectactor'로 보는 것이다. 브라
질 연출가 아우구스토 보알Augusto Boal이 자신의 연극에
서 선보인 개념으로 관객 역시 관객이자 참가자로서 무
대 위의 연기에 영향을 미친다.[5] 이 경우에는 우리 자신

전통적 협력

스트레치 협력

[그림13] 자신과 마주하기

을 상황의 일부 또는 그 상황 속에 놓여 있는 존재로 본다. 즉 사건 전개에 관여하는 참가자로 생각하는 것이다. [그림 13]은 우리가 다른 사람들에게 지시를 하거나 또는 지시받는 상황, 그리고 다른 사람들과 함께 모험을 공동 창작하는 상황 사이의 차이를 보여 준다.

스트레치 협력에서 우리는 공동 창작자다. 이 경우 우리는 외부와 내부 양쪽 모두의 시각으로 상황을 바라보는 균형 감각을 유지함으로써 현명한 결정을 할 수 있다.

문제의 일부가 될 용기

자신을 간과하면서, 즉 자신과 자신이 해야 할 일보다는 다른 사람에게 집중하게 되면서 균형을 잃게 된다. 타인이 아니라 자신에 대한 관심으로 전환할 때 얻는 이점은 자기 자신을 해방하고 주체성을 부여하게 된다는 점이다. 이를 통해 변화에 직접적으로 영향을 줄 수 있는 기회를 얻게 된다. 다른 사람들을 비난하면서 그들이 하는 일을 압박하거나 방해하거나 지연시키려 할 것이 아니라(성공하는 경우가 드물다.), 자신에게 집중하는 것이 훨씬 효과적이다. 우리가 해야 할 일에는 자신과의 협력도 포함된다. 자신의 지배적, 억압적 부분을 인식하고 해소하면서, 자기 내면의 차이와 내부의 '적'과도 협력하는 것이다.

자신의 역할과 책임을 제대로 보고 받아들일 때, 일을 제대로 할 수 있다. 경영학 교수인 빌 토버트Bill Torbert가 한번은 내게 이런 말을 했다. "활동가들 사이의 오래된 격언인 '당신이 해법의 일부가 아니라면, 문제의 일부인 것이다'라는 말은 사실 중요한 부분을 놓치고 있어요. 바로 문제의 일부가 아니라면 해법의 일부도 될 수 없다는 점이죠." 자기가 하고 있는 일이 현재의 상황과 어떻게 연관되어 있는지 제대로 파악하지 못한다면, 위에서 강제로 개입하는 것 외에는 상황을 변화시킬 수 있는 방법이 없다.

따라서 스트레치 협력에서는 우리 자신을 우리가 다루려고 하는 상황과 떨어져 있는 존재가 아니라 그 상황의 일부라고 인식할 필요가 있다. 집에 전화해서 늦는다고 말할 때 '교통체증이 있어서'라고 말할 수도 있고, '교통체증에 나도 꼈네'라고 말할 수도 있다. 후자의 표현은 우리가 처한 상황을 바꾸기 위해 다른 사람들과 함께 행동할 수도 있다는 선택지를 뚜렷하게 보여 준다.

비대해지는 자아를 경계하기

우리는 또한 그 반대 방향으로도 균형을 잃곤 하는데, 바로 우리 자신을 세상의 중심이라고 생각하는 것이다. 자기중심성의 의미는 자신의 관심이나 행동의 정당성과 가치는 오만하게 과대평가하고, 타인에 대해서는 과소평가한다는 의미다. 이로 인해 우리가 처한 상황과 해야 할 일을 왜곡해서 이해하고, 협력에 지장을 초래하게 된다. 또한 우리가 과소평가한 사람들과의 갈등을 유발한다. 자신의 지위와 정체성을 잃어버리게 된다는 두려움이 생길 때 자기중심성에 빠져들게 된다. 사람들은 실패 그 자체보다 **실패자가 될까 봐** 더 두려움을 느낀다. 더욱이 우리가 소중하게 여기며 가치를 부여해 온 정체성들(예컨대 전문가, 프로, 권위자, 리더, 영웅 같은 것들)은 자신을 타인보다 위에 또는 분리하는 위계적 위치를 설정함으로써 협력을 방해한다. 이 때문에 방어적 태도를 더 강화하기도 한다. 다른 사람들과의 협력, 특히 우리가 동의하지 않거나 좋아하지 않거나 신뢰하지 않는 사람들과 협력하기 위해서는 그들과 동등한 입장에서 어깨를 나란히 하며 함께할 필요가 있다.

마이라는 자기중심성의 함정에 대해 내게 경고한 적이 있다. "너무 개인적으로 상황을 받아들이지 마세요." 또 한번은 나를 이렇게 질책했다. "당신이 처리해야 할 일들은 어떻게든 생기기 마련이지만, 그 모든 것을 당신에 관한 일로 만들어 버리는 사고는 결코 도움되지 않아요." 또 다른 기회에 그에게 우리가 진행하고 있던 대규모의 혁신 작업이 실제로 영향을 미치고 있는지 알려면 어떻게 해야 하는지 물어본 적이 있었다. 그는 다음과 같이 답했다. "당신이 변화를 만들어 내고 있음을 입증하고 싶은 생각은 독선적인 겁니다. 《바가바드기타 Bhagavad Gita》의 핵심 구절을 기억하세요. '일은 네 것이지만, 그 결실은 네 것이 아니다.'"[6] 이 충고를 통해 나는 내가 통제할 수 없는 결과에 대해 책임을 지지 않으면서도 성실하게 일할 수 있는 자유를 얻었다.

치킨보다는 돼지가 되어라

세 번째 스트레치의 핵심은 자신이 바꾸고자 하는 상황에서 자신이 맡고 있는 역할에 대해 책임을 지는 것이다. 따라서 상황을 변화시키기 위해 스스로가 무엇을 다르게 해야 하는지에 대해서도 책임을 져야 한다. 이 과정은 매우 도전적인데, 상황 속에 완전히 뛰어들어 그로 인해 자신이 변화하거나 상처받는 위험을 감수해야 하기 때문이다. 이는 《시스템을 전환하는 일상의 습관 Everyday Habits for Transforming Systems》에서 설명한 첫 번째 원칙인, "책임감 있게 행동하기"를 요구한다. 또한 우리는 더 개방적이고 취약해져야 하며, 알고 있는 것, 친숙한 것, 편안하고 안전한 것의 일부를 기꺼이 희생해야 한다. "햄오믈렛을 만들 때 닭은 관여하지만, 돼지는 헌신한다"라는 농담이 있다. 스트레치 협력에는 닭이 되기보다 돼지가 되겠다는 마음가짐이 필요하다.

몇 년 전 파라과이의 동료 호르헤 탈라베라Jorge Talavera와 일부 워크숍을 함께 진행한 적이 있다. 내 스페인어는 그저 그랬고 그의 영어도 마찬가지였기에 우리는 간결하게 핵심만 전달하는 식으로 소통해야 했다. 우리는 워크숍 중에 팀의 작업이 급진전하는 순간에 주목하게 되었고, 그 순간을 '엘 클릭el clic'(찰칵)이라고 불렀다. 우리가 관찰한 결과, 이 '찰칵'의 순간은 팀원들이 자신이 처한 상황을 변화시키기 위해 타인뿐만 아니라 자기 자신 역시 변해야 한다는 사실을 깨닫는 순간이었다. 그들은 대개 이 사실을 깨닫고 놀라움과 더불어 당혹감을 느끼곤 했다. 이 순간이 작업에 미치는 영향이 지대하다는 걸 알게 되었다.

나 자신을 감싸려 들거나, 남 탓을 할 때면 사실 언짢고 무기력한 기분이 든다. 그러나 상황에 대해 내가 할 수 있는 일을 찾고 실천할 때면 정신이 바짝 들고 에너지가 솟아오른다. 이런 식으로만 하면 상황을 바꾸는 데 늘 성공한다는 것은 아니다. 하지만 성공하는 경우가 좀 더 많다. 진심으로 나 자신을 던졌던 프로젝트들(예컨대 바비샤 같은)은 내게 가장 큰 영향을 미쳤고, 가장 많은 것을 배울 수 있었다.

게임에 뛰어들기 위해 필요한 핵심적 실천은 우리 자신에게 주목하는 것이다. 자신이 타인을 비난하거나 적대시하고 있다는 사실을 깨닫게 될 때, 즉 남들이 하는 일과 그들이 달라지기를 기대하거나 요구하는 데 집중하고 있는 자신을 발견하게 될 때, 우리는 스스로 다르게 행동하기 위해 무엇이 필요한지 생각하고, 느끼고, 실행하는 방향으로 주의를 돌려야 한다. 때로는 타인에게 영향을 미치기 위해 노력해야 할 때도 있을 것이다. 그러나 이제는 우리가 안으로 들어가 전심전력을 다하는 상황 속에서 자신의 몫에 대해 책임을 지고, 기꺼이 변화해야 한다. 남에게 신경 쓰느라 주의가 산만해질 때마다 가장 근본적 선택을 되새겨야 한다. 나는 다음에 무엇을 할 것인가?

관찰자에서 공동 창작자로 전환하는 스트레칭

이 매뉴얼은 외부에서 상황에 대해 지적하고 지시하려는 관점에서 벗어나, 자신의 역할을 공동 창조의 참가자로 완전히 재조명하도록 바꾸는 데 도움이 된다. 이런 방식으로 자신을 설정함으로써 문제와 해결 모두에 관한 자신의 책임을 다할 수 있도록 한다.

◉ 밖에서 상황을 바라보기

현재 관련되어 있는 어려운 협력 과제에 대해 생각한다. 직장, 지역사회 또는 개인 생활 등 뭐든 좋다. 마치 사진을 보는 것처럼 그 상황에 대해 외부 관찰자의 시선으로 자신을 상상해 본다. 이 관점에서 상황을 묘사한다.

- 무슨 일이 벌어지고 있나?

- 어떤 요인이 이 상황을 만들고 있는가?

- 상황이 그렇게 전개되는 데 있어, 다른 사람의
  행동은 어떻게 관련되어 있는가? 긍정적이거나
  도움 되는가, 아니면 부정적이거나 도움 되지
  않는가?

- 상황을 진전시키려면 그들이 다르게 해야 할 일은
  무엇인가?

◉ 안에서 상황을 바라보기

관점을 바꾼다. 사진 속에 있는 한 사람처럼, 상황 속에
서 움직이는 행위자인 자신을 상상해 본다. 이 관점에서
같은 상황을 다시 묘사한다.

- 그 상황에서 무엇을 경험하고(보고, 듣고, 느끼고)
  있는가?

- 상황이 그렇게 전개되는 데 있어, 자신의 행동은
  어떻게 관련되어 있나? 긍정적이거나 도움 되는가,
  아니면 부정적이거나 도움 되지 않는가?

- 당신의 행동, 가설, 선택은 지금의 현실을 형성하는
  데 어떻게 작용하고 있나?

- 상황을 진전시키려면 그들이 다르게 해야 할 일은 무엇인가?

◉ 두 관점을 비교하기

외부에서 바라본 경험과 내부에서 바라본 경험을 비교한다.

- 첫 번째와 두 번째 설명에서 나타나는 차이는 무엇인가?
- 관찰자에서 참가자로 전환하면 상황에 대한 이해가 어떻게 바뀌는가?
- 이제 변화를 만들어 내는 데 있어서 자신의 역할과 책임이 무엇이라고 생각하는가?

◉ 양 측면을 모두 살펴보기

어려운 협력에 일반적으로 어떻게 임하는지 생각한다.

- 어떤 협력 방식에서(어떤 유형의 상황에서) 다른 사람의 행동에 더 집중하게 되고, 자신의 역할을 바라보지 못하게 되는가?

- 어떤 협력 방식에서(어떤 유형의 상황에서) 상황에
  마음을 열고 상황에 직접 개입하고, 그로 인해
  일어나는 변화 모두에 대한 전적인 책임을 받아들일
  수 있는가?

- 어떤 협력 방식에서(어떤 유형의 상황에서) 자신이
  가지고 있는 관점에 대한 인식을 알아볼 수 있는
  연습을 할 수 있는가?

● NEXT STEP

협력 과제에 대해 생각할 때, 이 매뉴얼을 통해 얻은 통찰을 바탕으로 취할 수 있는 구체적 행동 한 가지가 있다면 무엇인가? 상황을 만드는 데 있어서 자신의 몫에 대한 책임을 지면서, 그 상황을 앞으로 나아가도록 하기 위해 협력 과정에서 당신이 다르게 할 수 있는 행동은 무엇인가?

협력에 대한 선택

우리가 사는 세상에는 평탄하고, 깨끗하고, 쭉 뻗은 길이 거의 없다. 그러니 앞으로 나아갈 길을 찾기 힘든 경우가 많다. 우리가 원하는 목표에 도달하려면, 동의하지 않거나 좋아하지 않거나 신뢰하지 않는 사람들과 협력해야 한다는 사실 때문에 더욱 힘들다. 게다가 이 사람들을 적대시하면서 일을 더욱 어렵게 만들기도 한다. 때로는 정당한 이유가 있다고 해도 우리는 다른 사람들을 단지 우리와 다르다거나 또는 반대편이라고 보는 수준을 벗어나 우리가 피하거나 패배시켜야 할 적이라고 보기도 한다. 필요하다면 어떻게 이러한 적대시를 줄일 수 있을까? 첫 단계는 단순하다. 우리가 그런 태도를 지니고 있다는 사실을 인지하는 것이다. 그럴 때면 잠시 멈추고, 숨을 몇 번 쉬고, 그리고, 좀 더 차분하고 냉정한 상태에서, 다음에 무엇을 할지, 어떤 선택을 할지 결정하면 된다. 이 책에서 설명하는 열 가지 선택을 통해 함께 앞으로 나아갈 길을 찾을 수 있다. 처음에는 네 가지 선택부터 시작한다. 우리는 누구를 적으로 보는가? 언제, 누구와, 어떻게 협력할 것인가?

이 책 앞부분에서 지난 수십 년간 차이를 넘어선 협력에 대한 이해를 어떻게 넓히고 그것을 수행하는 능력을 키워왔는지에 대해 자세히 설명했다. 나는 여전히 예전에 그랬던 것처럼 누군가를 적대시하곤 하지만 내가 그러고 있다는 사실을 재빨리 알아차리고 잠시 멈춘 뒤, 행동하기에 앞서 답을 찾는다. 이러한 변화가 일어나기까지, 예전에는 몇 달(20년 전 인도 이야기)이나 몇 주(10년 전 멕시코 이야기)가 걸렸다면, 이제는 며칠, 혹은 그보다 적은 시간이 걸릴 뿐이다. 이런 방식으로 균형을 잃을 때면 그 이유와 시점에 좀 더 주의를 기울이면서 다시 균형을 되찾는 식으로 진전을 이루어 왔다. 말하자면 나 자신과의 협력이 좀 더 좋아진 것이다.

극적인 자기 변화를 통해 이러한 일이 이루어진 것이

아니라, 조금씩 더 자아를 인식하고 기꺼이 스트레치 할 능력을 갖추면서 가능했다. 다시 균형을 잡고, 스트레치 할 수 있는 방법은 무수히 많다. 운동, 걷기, 뜨개질, 정원 가꾸기, 기도, 명상, 상담, 봉사활동 등이며, 누구나 자신에게 맞는 방법을 찾을 수 있다.

협력을 배우기 위해서는 이러한 선택을 하는 방법을 배울 필요가 있다. 우리 사이, 주변, 그리고 내부에서(그 안에는 심각한 문제로 느낄 수 있는 일들도 포함) 무슨 일이 벌어지고 있는지에 대해 우리는 분리하거나 섣불리 먼저 판단하지 말고, 그 상황에서 무엇이 필요한지 세심하게 주의를 기울여 살피고 그에 따라 행동하는 방법을 익힘으로써 배울 수 있다. 적대감을 누그러뜨리면, 우리는 일어나는 일에 대해 타인을 비난하는 것으로부터 벗어나 상황의 변화를 위해 주체적으로 행동하게 될 것이다. 또한 주변에서 무슨 일이 일어나고 있는지 개의치 않고 오로지 자신이 원하는 방향으로 강행하거나, 또는 타인의 강요에 순응하거나, 이탈하는 것에서 벗어나 협력을 시도하는 쪽으로 바뀌게 될 것이다. 강행하거나 강행당하는 상황만을 선택한다면 이는 퇴행적인 약육강식, 보복의 악순환, 권력이 정의가 되는 세상을 만드는 데 동참하는 것이다. 이와 달리 공생하고 공존하는 협력을 선택하는 것은 고되고도 해방적인 스트레치를 요구하며, 창조적으로 번영하는 세계를 만드는 일에 동참하는 일이다.

이 책에서 반복하는 주제는 우리가 세상 속에 존재하는 방식을 전환해야 한다는 것이다. 분리, 성급함, 오만, 확신, 분노 그리고 공포에서 벗어나 연대, 인내, 겸손, 창의성, 호기심 그리고 믿음으로 응답하는 방향으로 나아가야 한다. 영화 《위대한 레보스키The Big Lebowsk》에 등장하는 월터와 듀드라는 인물이 이 두 입장을 대변한다. 영화 마지막 대사에서 이러한 전환을 가능하게 하는 근본적 선택을 설명하기 위해 'abide'라는 오래된 단어를 사용한다. '함께 머무르다', '남아 있다', '계속하다'라는 의미로 분리가 아니라 공존을 뜻한다. 차이를 넘어 협력하기 위해, 우리는 '함께 머무르기'를 선택해야 한다.

공존의 공간을 만드는 단계

이 매뉴얼은 당신 자신과 당신이 놓여 있는 상황 속에서 최고치의 가능성으로 존재하고, 뿌리내리고, 연결되게 하는 행동이 무엇인지 깨닫도록 돕는다.

◉ 성찰하기

긴장을 풀 수 있고, 마음이 놓이고, 편안한 장소를 찾는다. 그리고 다음 질문들에 대해 생각한다. (당신의 답을 노트나 일기에 기록할 수도 있다.)

- 가장 평화를 느낄 때는 언제인가? 최근에 차분함, 안정감, 인내심을 느꼈던 때를 생각한다.
- 좋은 방향으로 시간 가는 줄 모를 정도로 할 수 있는 활동이 있다면 무엇인가? 그 활동들은 별다른 노력 없이도 현재 순간에 몰두할 수 있게 하는가?

- 정서적·영적으로 가장 평온을 느끼는 곳은 어디인가? 물리적 장소, 일종의 관계, 처해 있는 상태 등등 일 수 있다.
- 자신보다 더 큰 무엇인가와 연결되어 있다고 느낄 때는 언제인가? 그 순간에는 무엇을 하는가(혹은 하지 않는가)?

◉ **확인하기**

관찰한 내용을 살펴보는 패턴을 찾는다. 지속적으로 나타나는 활동이나 상황이 있는지에 주목한다. 그런 다음 스스로에게 질문한다.

- '함께 머무르기'(공존)에 도움 되는 활동은 무엇인가?
- '함께 머무르기' 위해 매일 또는 매주 꾸준히 실천할 수 있는 작은 행동들이 있는가?

◉ **실험하기**

앞으로 일주일 동안 생활의 일부로 행할 수 있는 '함께 머무르기' 활동 한 가지를 고른다. 간단하고 실행 가능한 것으로 고른다. 예를 들면 다음과 같다.

- 휴대폰 없이 5분간 산책하기.

- 매일 아침 촛불을 켜놓고 조용히 앉아 있기.

- 아무것도 하지 않고 연주곡 듣기.

- 천천히 꼼꼼하게 식물에 물 주기.

◉ 기록하기

- 이번 주에 꾸준히 한 활동: _______________________

◉ 관찰하기(일주일 내내)

꾸준한 활동을 할 때마다, 끝나고 난 후 잠시 자신을 돌아본다. 그리고 자신에게 묻는다.

- 이전과 비교해 지금은 어떤 기분이 드는가?

- 내면의 상태에서 무엇을 느꼈는가?

성찰의 느낌을 짧게 적어 두거나, 또는 그 생각을 유지하면서 생활한다.

부록

토론 가이드

보충 자료

토론 가이드

이 책을 혼자서 읽거나 또는 그룹으로 읽는 경우에 이 가이드는 여러분의 이해를 좀 더 깊이 있고 만족스럽게 하는 데 도움이 될 것이다.

그룹으로 토의하기

이 책 내용을 읽기 위해 그룹으로 모였다면, 다음 사항을 참고하기 바란다.

- 모임 횟수를 정한다. (한 장 읽고? 두세 장 읽고? 책을 다 읽고 나서?)
- 두 번 이상 모임을 가질 경우 '종합' 질문을 제외하고 토론 가이드의 모든 질문을 먼저 훑어본 후에 각 장을 읽을 때마다 관련이 있는 질문에 대해

토론한다. 마지막 모임에서 종합 질문을 다룬다.

토론 가이드

시작하면서 생각하기

* 이 책을 읽으며 가장 공감했던 부분은 무엇인가?
* 어떤 이야기나 인용이 마음에 남았나?

핵심 개념

* 각 장에서 다시 생각해 보게 하는 선택은
  무엇이었나?
* 그 선택이 갈등이나 협력에 대한 여러분의 경험에
  어떻게 적용이 되는가?
* 동의하지 않는 사람들과 함께 일하는 것에 대한
  당신의 평소 믿음과 일치하지 않는 아이디어는 어떤
  것인가?
* 동의하지 않는 사람들과 함께 일하는 것에 대한
  당신의 평소 믿음에 부합하는 아이디어는 어떤
  것인가?

큰 그림

- 각 장을 이어주는 연결 고리는 무엇이라고
  생각하는가? 책 내용을 쭉 이어 주는 중요한 핵심은
  무엇이었나?
- 당신의 사고에서 어떤 패턴을 발견하였나?
- 당신이 시스템을 변화시키기 위해 수행하고 있는
  행동들 가운데 앞으로 시도하거나 바꾸고 싶은 것
  또는 일단 염두에 두고 싶은 것은 무엇인가?

종합

- 이 작업을 통해 얻은 가장 큰 통찰 또는 전환은
  무엇인가?
- 협력에 대한 당신의 사고방식이 어떤 식으로
  변화했는가?
- 이 책에 근거해서 취할 수 있는 한 가지 행동이
  있다면 무엇인가?
- 탐구하거나 시작하고 싶은 실천 방안은 무엇인가?

각 장별 질문

서론

- '적대시'를 어떻게 이해하고 있나?
- "저런 사람들과는 절대 함께 일할 수 없어!"라고 말한 적이 있다면 언제인가? 그런 관점을 갖는 데 영향을 준 사건 등이 있는가?

1장: 협력해야 할 때

- 어려운 상황에 처했을 때 당신이 취하는 기본적 행동은 무엇인가? 강행, 순응, 이탈, 혹은 협력?
- 협력을 선택 사항 중에 하나로 놓고 보면 무엇이 가능해지는가?

2장: 누구와 협력할 것인가?

- 협력에 포함할 사람과 배제할 사람을 어떻게 결정하는가?
- 좋아하지 않거나 신뢰하지 않는 사람과의 협력이 생산적이었던 때를 기억하는가?

3장: 어떻게 협력할 것인가?

- 협력할 때 당신에게 가장 중요한 것은 무엇인가?
  사랑, 권력 혹은 정의?

- 이 세 가지 모두를 함께 활용하여 일하는 당신은
  어떤 모습인가?

4~5장: 협력의 두 가지 방식

- 당신의 생활이나 업무에서 전통적 협력은 어디에
  활용하는가?

- 스트레치 협력은 어디에 활용하는가?

- 의식적으로 하나를 선택하는가? 어느 방식이
  적절한지 어떻게 판단하는가?

6~8장: 세 가지 스트레치 협력

- 갈등과 연결을 포용하기, 실험을 통해 나아가기,
  게임 속으로 뛰어들기 중에서 어떤 스트레치가 가장
  자연스럽게 느껴지는가?

- 당신의 삶에서 이러한 스트레치가 어떻게
  드러나는가?

- 협력이 어려워졌을 때 계속할 수 있게 도와주는

것은 무엇인가?

결론

- 갈등 속에서 어떻게 중심을 유지하는가?
- 협력에 계속 전념하는 데 도움이 되는 실천 방안은
  무엇인가?

선택적 활동

- 당신이 배운 것을 표현하는 인용문이나 이미지를
  가지고 모임의 탐구 게시판을 만든다.
- 각 장에서 하나의 실천 방법을 골라 개인적으로
  시도한다. 거기에서 얻은 통찰을 공유한다. 실천을
  통해 드러난 것은 무엇인가?

보충 자료

이 자료들은 두려움, 트라우마, 타자화가 어떻게 적대 이미지를 강화하는지 밝혀 준다. 그리고 몸과 마음을 함께하는 수행, 존엄성을 높이는 작업, 마음에 집중하는 관점 전환이 인간적 결합으로 되돌아가는 데 어떻게 도움이 되는지 가르쳐 준다.

적대시에서 이해로 나아가기

《소속감과 타자화: 우리 자신과 세상을 구하는 방법Belonging and Othering: How We Save Ourselves and the World》, John A. Powell, Stephen Menedian(Stanford University Press, 2024)

이 책은 사회적 분열이 어떻게 형성되는지, 타자화 대신에 소속감을 어떻게 고양할 수 있는지에 대해 탐구한다.

저자들은 배제 시스템을 분석하고 보다 포용적이고 연결된 공동체를 구축하기 위한 전략을 제시한다.

《평화의 해부학: 갈등의 핵심을 해결하다 The Anatomy of Peace: Resolving the Heart of Conflict**》, The Arbinger Institute (Berrett-Koehler Publishers, 2022)**

갈등 해결을 위해 내면을 들여다볼 것을 독자에게 권하는 책이다. 평화는 '전쟁의 마음'에서 '평화의 마음'으로 전환하는 것에서 시작된다고 주장한다. 타인을 장애물이 아닌 사람으로 바라보도록 하고, 긴장된 상황 속에서 이해를 북돋는 방안을 제시한다.

《할머니의 손: 인종화된 트라우마와 우리의 몸과 마음을 치유하는 길 My Grandmother's Hands: Racialized Trauma and the Pathway to Mending Our Hearts and Bodies**》, Resmaa Menakem (Central Recovery Press, 2017)**

인종적 트라우마가 신체에 미치는 영향을 집중 조명한 책이다. 심리학과 신체의학을 연계하여 갈등에 의한 신체 반응을 파악하고 치유하는 데 도움이 된다. 인종적 치유와 이해를 위한 개인적이고 실용적인 안내서다.

사려 깊은 선택하기

다음은 내적 변화에 관한 과학과 전환적 정의에 대한 성찰을 결합한 자료들이다. 용기 있는 결정을 가로막는 은폐된 전제들을 밝혀냄으로써 강행, 순응, 이탈 또는 협력 사이에서 무엇을 선택할지 판단하는 데 도움을 준다.

《변화에 대한 면역: 그것을 극복하고 당신과 조직의 잠재력을 깨우는 방법Immunity to Change: How to Overcome It and Unlock the Potential in Yourself and Your Organization》, Robert Kegan, Lisa Laskow Lahey(Harvard Business Review Press, 2009)

목표가 뚜렷한데도 조직과 구성원들이 변화에 어려움을 겪는 이유를 밝힌다. 진전을 방해하는 숨겨진 묵계를 드러내는 방법적 틀을 소개하고 독자들이 의식적으로 앞으로 나아가는 새로운 길을 선택할 수 있도록 한다.

《우리는 서로를 지우지 않을 것이다: 전환적 정의에 대한 또 다른 꿈들We Will Not Cancel Us: And Other Dreams of Transformative Justice》, Adrienne Maree Brown(AK Press,

2020)

책임, 공동체 돌봄, 전환적 정의에 대한 에세이 시리즈다. 브라운은 '캔슬 컬처'를 비판하며, 복잡성과 성장을 위한 공간을 유지하면서 피해에 대처할 수 있는 아이디어를 제시한다.

협력에 대한 사고방식을 확장하기

질문을 통한 자아성찰, 계획적 모임, 서사의 변화 등을 활용하여 '누가 이 자리에 있어야 하는가?'에 대한 우리의 감각을 넓혀주는 책들이다. 단단한 파트너십을 전제 조건으로 호기심과 포용적 설계를 주장한다.

《있는 그대로 사랑하기: 당신의 삶을 바꿀 네 가지 질문 Loving What Is: Four Questions That Can Change Your Life**》, Byron Katie, Stephen Mitchell(Harmony, 2021)**

케이티는 간단한 질문들 모음 네 개의 세트로 이루어진 '작업(the Work)'을 통해 고통의 원인이 되는 생각들에 대해 점검할 수 있도록 한다. 이 과정을 통해 차이를 넘어선 협력에 중요한 새로운 관점과 열린 마음을 얻을 수 있다.

《모임을 예술로 만드는 법The Art of Gathering: How We Meet and Why It Matters》, Priya Parker(Penguin Books Ltd, 2018), 방진이 옮김(원더박스, 2019)

파커는 회의, 행사, 가족 저녁식사 등 사람들이 모이는 여러 방식을 어떻게 변화시킬 수 있는지 설명한다. 그녀의 아이디어를 통해 진정한 연결을 촉진하는 전략적이고 의미 있는 행위로서 모임을 재구성할 수 있다.

《설득자들: 마음, 정신 그리고 민주주의를 위한 투쟁의 최전선에서The Persuaders: At the Front Lines of the Fight for Hearts, Minds, and Democracy》, Anand Giridharadas(Knopf Publishing Group, 2022)

양극화된 세상에서 마음과 정신을 바꾸기 위해 노력하는 활동가들과 소통가들을 소개한다. 차이를 넘어 전략적이고 감동적으로 소통하는 방법을 모색한다.

사랑·권력·정의 사이에서 균형 찾기

아래 책의 저자들은 존엄성, 주체성, 공정성이 어우러짐을 조명하며, 이 세 가지 요소가 서로를 지배하거나 협력이 어긋나지 않도록 모두들 끊임없이 움직이게 하는, 현장에서 검증된 작업 방식을 제시한다.

《존엄성: 갈등 해결의 본질적 역할 Dignity: Its Essential Role in Resolving Conflict**》, Donna Hicks(Yale University Press, 2021)**

힉스는 글로벌 갈등 해결 경험을 바탕으로 존엄성을 존중하는 것이 신뢰와 협력을 회복하는 데 어떻게 작용하는지 설명한다. 상호존중과 정의를 추구하는 방식으로 활용할 수 있는 모델을 제시한다.

《올 어바웃 러브 All about Love: New Visions**》, Bell Hooks (William Morrow Paperbacks, 2001), 이영기 옮김(책읽는수요일, 2012)**

이 책은 사랑이 개인의 삶과 사회생활 모두에서 역동적으로 작용하는 방식을 연구하는 고전이다. 훅스는 사랑에 대한 전통적 통념에 반대하며 정의, 권력, 유대가 반드시 공존해야 한다고 주장한다.

전통적 협력을 선택하는 경우

이 고전들은 갈등과 복잡성이 낮은 상황에 초점을 맞춰 규율 있는 팀워크와 예측 가능한 프로세스에 필요한 명확한 역할, 계획, 단계적 변화 관리 등에 대해 설명한다.

《좀 더 스마트한 협력: 장벽을 허물고 전환을 이루는 새로운 접근Smarter Collaboration: A New Approach to Breaking Down Barriers and Transforming》, Heidi K. Gardner, Ivan A. Matviak(Harvard Business Review Press, 2022)

장벽을 해체하고 분야 간 연계의 강점을 활용하여 팀과 조직이 효과적으로 협력할 수 있도록 도움을 준다. 구조화되고 성과 지향적인 협력을 위한 로드맵이다.

《기업이 원하는 변화의 리더Leading Change》, John P. Kotter(Harvard Business Review Press, 2012), 한정곤 옮김(김영사, 2007)

변화 관리를 위한 이 기본적인 텍스트에서 코터는 조직 혁신을 위한 8단계 과정을 제시한다. 이 책은 계획된 방식의 전통적 협력이 적합한 환경에 매우 이상적이다.

스트레치 협력을 선택하는 경우

갈등이나 복잡성이 급증할 때, 이 책들은 다양한 참가자들 사이에서 의미를 설정하고, 적응하고, 리더십을 발휘하는 방법을 설명한다. 또한 경직된 로드맵에서 벗어나 유연하게 시스템 전체를 조망하는 내비게이션 방식으로 전환하는 방법을 알려준다.

《어댑티브 리더십The Practice of Adaptive Leadership: Tools and Tactics for Changing Your Organization and the World》, Ronald A. Heifetz, Marty Linsky, Alexander Grashow(Harvard Business Press, 2009), 진저티프로젝트 출판팀 (진저티프로젝트, 2022)

복잡하고 불확실한 환경에서 리더십을 발휘하기 위한 전략을 제시하는 책이다. 독자들이 사람들을 동원하고 지속적으로 적응하도록 지원하며, 이는 스트레치 협력이 필요한 상황에서 핵심적 역량이다.

《크네빈: 세상이라는 직물에 인식 기법으로 직조하기 Cynefin: Weaving Sense-Making into the Fabric of Our World》, Dave

Snowden, Sonja Blignaut 외 4인(Cognitive Edge - The Cynefin Co., 2020)

'크네빈 프레임워크'를 소개하는 책이다. 리더들이 다양한 유형의 과제를 인식함으로써 복잡성을 이해하고 풀어나가는 데 도움을 준다. 실험, 업무 과정에서 나타나는 현상에 주목하기, 생성된 인식을 공유하기 등을 강조한다.

《서로를 향해 돌아서기: 미래에 대한 희망 회복을 위한 간단한 대화 Turning to One Another: Simple Conversations to Restore Hope to the Future**》, Margaret J. Wheatley(Berrett-Koehler Publishers, 2009)**

이 책은 희망과 집단적 지혜를 기르는 방법으로서 '의미 있는 대화'에 참여할 것을 촉구한다. 휘틀리는 그저 그 자리에 함께하고, 경청하며, 진실하게 말하는 것의 힘을 강조한다.

갈등과 연결을 포용하는 스트레칭

이 자료들은 신뢰를 지키면서 차이를 정면으로 마주할

수 있는 수단을 제공하며, 적절하게 긴장감을 유지하는
것이 더 깊은 협력을 가능하게 한다는 점을 설명한다.

**《그런 식으로 생각해 본 적 없다: 위험한 분열의 시대에
두려움 없이 호기심 넘치는 대화를 하는 법**I Never Thought
of It That Way: How to Have Fearlessly Curious Conversations in
Dangerously Divided Times》, Mónica Guzmán(BenBella
Books, 2022)

의견 차이가 큰 사람과 대화할 수 있는 방법을 제시하
고, 호기심이 분열을 이어주는 다리가 될 수 있는 방법
을 알려 준다. 용기 있는 대화를 위한 현실적이고 실용
적인 안내서다.

《행복한 결혼을 위한 7원칙 The Seven Principles for Making
Marriage Work: A Practical Guide from the Country's Foremost
Relationship Expert》, John Gottman, Nan Silver(Harmony,
2015), 노동욱, 박윤영 옮김(문학사상사, 2017)

남녀 간의 관계에 초점을 맞추고 있지만, 갈등 해결과
강한 유대감 형성에 관한 수십 년간의 연구를 집약한 책
으로 모든 유형의 협력 관계에 활용이 가능하다.

《갈등은 학대가 아니다: 피해의 과장, 공동체의 책임 그리고 회복의 의무Conflict Is Not Abuse: Overstating Harm, Community Responsibility, and the Duty of Repair》, Sarah Schulman(Arsenal Pulp Press, 2016)

슐만은 갈등이 종종 피해로 잘못 규정되는 방식을 비판하면서 섬세하고 책임감 있는 참여의 필요성을 주장한다. 갈등을 확대하거나 회피하지 않고 받아들일 수 있는 강력한 틀을 제시한다.

실험을 통해 나아가는 스트레칭

아래의 책들은 '시도-학습-조정'의 반복을 옹호한다. 변화무쌍한 환경에서는 거창한 계획보다 작고 신속한 실험이 더 효과적이라는 점을 설명한다.

《응변 전략: 변화를 만들어 내 세계를 변화시키다 Emergent Strategy: Shaping Change, Changing Worlds》, Adrienne Maree Brown(AK Press, 2017)

이 책은 자연, 사회운동의 구축 과정, 흑인 페미니스트들의 지혜로부터 영감을 받아 탈중앙화, 유연한 적응 전략 등을 권장한다. 반복, 직관, 상호의존을 통해 변화를 만들어 가는 과정을 제시한다.

《해방적 구조의 놀라운 힘: 혁신의 문화를 촉발하는 간단한 규칙들The Surprising Power of Liberating Structures: Simple Rules to Unleash a Culture of Innovation》, Henri Lipmanowicz, Keith McCandless(Liberating Structures Press, 2014)

이 책은 그룹 내에서 참여, 혁신, 적응력을 촉진하는 33가지 세부 구조를 소개한다. 회의와 프로세스를 정체 상태에서 생산적인 방향으로 전환하는 데 도움 된다.

《아이디어 물량공세Ideaflow: The Only Business Metric That Matters》, Jeremy Utley, Perry Klebahn(Portfolio, 2022), 이지연 옮김(리더스북, 2024)

비즈니스 환경에서 아이디어의 생성을 촉진하는 창의적이고 실행 가능한 관점을 제시한다. 아이디어를 초기에 자주 테스트할 것을 권장하는데, 이는 스트레치 협력의 반복적 접근 방식과 그 궤를 같이한다.

《사회 실험 혁명: 가장 복잡한 과제 해결을 위한 새로운 접근The Social Labs Revolution: A New Approach to Solving Our Most Complex Challenges》, Zaid Hassan(Berrett-Koehler Publishers, 2014)

핫산은 체계적인 해결책을 만들어 내기 위해 행동과 성찰의 유기적 순환을 통해 복잡한 사회적 과제를 풀어 나가는 모델을 제안한다.

관찰자에서 공동 창작자로 전환하기

다음에 제시하는 책들은 우리를 관찰자 자리에서 벗어나 진정한 참가자로 이끈다. 공동의 미래를 함께 만들어 나가는 데 필요한 충만한 존재감을 기를 수 있도록 돕는다.

《존재하기: 본인, 사회, 비즈니스를 변화시키는 7가지 실천Presencing: 7 Practices for Transforming Self, Society, and Business》, Otto Scharmer, Katrin Kaufer(Berrett-Koehler Publishers, 2025)

이 책은 'U 이론'에 기반하여, 반응적 패턴에서 벗어나 공동창조에 대한 참여 방식으로 전환하는 데 도움 되는 방법을 소개한다. 또한 내면에서 바깥으로 스트레치 하는 변화를 이끌기 위해 완전히 현재에 머무르는 태도를 강조한다.

《신성한 가르침: 영혼에 기반한 변화의 삶을 위한 원주민의 지혜 Sacred Instructions: Indigenous Wisdom for Living Spirit-Based Change**》, Sherri Mitchell(North Atlantic Books, 2018)**

원주민의 지혜를 망라한 이 책은 영적 근거를 가진 원칙이 집단적 변화를 어떻게 이끌 수 있는지 탐구한다. 미첼은 상호성, 상호연결성, 올바른 관계에 관한 가르침을 공유한다.

공존의 공간을 만들기

마지막으로 다음의 책들은 성찰을 통해 지속 가능한 협력은 휴식, 마음 챙김, 여유로움에 달려 있다는 점을 일깨워 준다. 이를 통해 우리는 길고 힘든 작업 속에서도 평정심과 공감 능력을 유지할 수 있다.

《날라리와 선사(禪師) The Dude and the Zen Master**》, Jeff**

Bridges, Bernie Glassman(Plume, 2014)

저자들은 유머러스하면서도 통찰력 있는 대화를 통해 삶, 마음 챙김, 그리고 내려놓음에 대해 성찰한다. 이는 함께 머무름이 가볍고 유쾌하면서도 깊이 뿌리내릴 수 있음을 일깨우는 한 편의 기록이다.

《당신을 오싹하게 하는 곳들: 힘든 시대를 두려움이 헤쳐 나가는 안내서The Places That Scare You: A Guide to Fearlessness in Difficult Times》, Pema Chödrön(Shambhala, 2018)

불확실성과 두려움을 열린 마음으로 마주할 수 있게 하는 실용적이고 공감할 수 있는 안내서다. 초드론은 용기와 내면적 차분함을 기르는 데 도움 되는 명상 도구를 알려준다.

《휴식은 저항이다Rest Is Resistance》, Tricia Hersey(Little, Brown Spark, 2022), 장상미 옮김(갈라파고스, 2024)

제목의 급진적인 선언을 통해 알 수 있듯이 휴식을 착취 문화와 체계적 억압에 대한 저항의 한 형태로 재정의한다. '낮잠 본부Nap Ministry'의 창립자인 허시는 속도를 늦추고, 꿈꾸고, 회복할 것을 권한다.

우리가 만든 문제들을
어떻게 함께 해결해 나갈 수 있을까?

레오스파트너스Reos Partners는 높은 복잡성, 불확실성, 양극화 상황에서도 전환적 협력이 가능할 수 있도록 하는 일에 특화된 국제적인 사회적 기업이다. 우리의 목적은, 인류가 당면한 중대한 과제들에 있어서 지속 가능하고 공정한 진보를 이루도록 지원하는 것이다. 적절한 시점과 장소에서 제도적·사회적 협력이 효과적으로 이루어지도록 검증된 방법을 제공하고 있다.

우리는 20년 이상 80여 개국에서 체계적 변화를 위한 노력을 촉진해 왔다. 시민사회단체, 정부, 재단, 기업 등 변화의 주체들과 협력하면서 그들이 함께 관점을 전환하고 사회적 위기 속 근본 원인에 영향을 미칠 수 있도록 지원했다. 우리는 협력을 새로운 차원으로 이끄는 일에 관심과 의지가 있는 지도자 및 선구적 기관들과 파트너십을 맺고 있다. 각각의 상황에 대한 심층적 조사와 탐구를 바탕으로 파트너들과 작업하여 맞춤형 대응 방안을 제공한다.

다음 세 가지 기준을 가지고 접근하고 있다.

- 개인, 팀, 그리고 기관이 내외부와 협력할 수 있도록 기술과 이해도, 역량을 구축한다
- 팀, 조직, 공동체와 협력하여 영향력 있는 결과물과 프로젝트를 도출하고 현장에 안착시킨다
- 복잡한 문제를 해결하고, 혁신적 해결책을 개발 및 적용하며, 이를 제도화하기 위해 대규모 다자간 프로젝트와 연합을 기획하고 실행한다

우리는 4개 대륙 15개국에 글로벌 협력팀을 두고 있다. 우리는 서로의 차이를 자랑스럽게 생각한다. 집단적 경험의 다양성이 바로 우리의 강점이라는 점을 알고 있기 때문이다. 겸손한 용기, 유연한 원칙, 급진적 협력이 우리의 가치다.

감사의 말

초판본과 개정판. 이 두 권의 책은 40여 년의 세월과 여섯 개 대륙에 걸쳐 이루어진 호의적이고 생산적인 협력의 산물이다. 이 책은 수많은 동료와 함께했던 협력의 경험에 기초하고 있다. 이 책에서 소개한 프로젝트에서 함께했던 동료들에게 감사드린다. 스티브 앳킨슨, 브레나 앳니코프, 로사나 푸엔테스 베라인, 애덤 블랙웰, 밀레 보예르, 마누엘 호세 카르바할, 수밋 참프라싯, 카마나오포노 크랩, 베티 수 플라워스, 오스카 그로스만, 폴 하켄뮐러, 할 해밀턴, 자이드 하산, 스티븐 허다트, 조셉 자워스키, 마이크 강, 고프트 카냐폰, 루스 크리보이, 듀안 쿠리스, 아움폰 로이프라딧, 훌리오 마드라조, 빈센트 마파이, 리넬 마블, 헤라르도 마르케스, 조 맥캐런, 아나이 리나레스 멘데스, 호아킨 모레노, 구스타보 무티스, 레올라 펠프스, 엘리자베스 피닝턴, 엘레나 디에스 핀토, 모니카 폴만, 이안 프린슬루, 톰 라우텐버그, 마누엘라 레스트레포, 피터 르 루, 수리타 산도샴, 폴 사이먼스 등이다.

줌 화상통화, 구글 독스, 카페에서의 만남에 응해 준 저의 책 공동창작클럽 회원들과 또 다른 참가자들에게도 따뜻한 배려와 도움을 받았다. 초판에서는 다음 분들이 도움을 주셨다. 크리스 아벨레스, 미셸 아담, 크리스 알트미쿠스, 찰스 아노시케, 안토니오 아라니바르, 헬렌 아스타르테, 안토니아 바움, 헤르만 바빈크, 사비나 버먼, 듀안 빅스, 릭 블랙, 피터 블록, 티에 프랑코 브로토, 마크 버든, 마크 카바지, 더그 캔터베리-카운츠, 줄리아 캔티, 앤 웨버 칼슨, 호세 부치 카사리, 장 피에르 샤보, 수밋 참프라싯, 마이클 첸더, 톰 크리스텐슨, 밀엔코 치메샤, 데이비드 쿠퍼, 크리스 코리건, 마리-클레어 다게르, 제임스 데이비스, 밀턴 도스, 데이비드 다이아몬드, 하인 다이크스테르후이스, 휴고 디오고, 데브라 던, 콜 더시, 마르틴 에차바리아, 던 엘리슨, 니콜 엔다콧, 캐롤라인 피게레스, 캐서린 풀턴, 헤르만 펑크, 데브 듀건 가르시아, 빅터 가르시아, 로버트 가스, 스테이시 고핀, 피에르 고이란, 대니 그레이엄, 존 그리핀, 오스카 그로스만, 비나이 건터, 위츠케 하그, 낸시 헤일, 패트리샤 헤일, 살리나 한, 에이지 하라다, 세사르 데 하르트, 마틴

호크스, 앨리슨 휴릿, 크레시다 헤이스, 다니엘 허셜러, 존 홀, 스티븐 허다트, 모니크 얀마트, 배리 존슨, 브래드 존스턴, 알 존스, 데이비드 카헤인, 제드 카헤인, 고프트 카냐폰, 알라 콜리나, 샤론 조이 클라이치, 바바라 크루즈, S. 쿨슈레스타, 숀 라플뢰르, 로렌초 라라, 댄 리히, 그레이엄 레스터, 메그 레비, 캐시 루이스, 마리아 레위츠키-밀리건, 찰스 라인스, 랄프 리폴트, 카타리나 로벡, 아움폰 로이프라딧, 자닌 마셰, 로비 맥퍼슨, 아룬 마이라, 에이미 마크스, 산드라 마르티네즈, 시저 맥도웰, 빌 맥킨토시, 잔 맥퍼슨, 팀 메리, 데니 미노, 콜린 미첼, 아일린 모어, 티나 몬버그, 캐롤 무어, 아서 뮬리로, 아난트 나드카르니, 제리 네이글, 조 넬슨, 마리아 아나 네베스, 제임스 뉴컴, 테리 니콜스, 요스 니에스턴, 바티안 니우베르트, 시부트 누테봄, 바바라 누스바움, 오다 리치로, 다니엘 올딩, 배리 오쉬리, 에르베 오트, 웬디 팔머, 스콧 페레, 레올라 펠프스, 기포드 핀초트, 데이비드 포티요, 앤서니 프랭글리, 멜리사 조세핀 라모스, 마틴 라우슈, 데보라 라베츠, 제롬 라베츠, 마크 리치, 마티 로치, 알랭 루슈, 헨리 센코, 데이비드 샨들러, 게리 슌크, 리즈 스켈턴, 딜런 스카브룩, 티모시 스미스, 돈 드 소우자, 더

크 스틴, 우타 스톨츠, 킴 스트라이커, 질 스웬슨, 수잔 스파코프스키, 제임스 테일러, 이본 태크레이, 시어도어 토머스, 데이비드 톰슨, 랄프 토리, 알퍼 우트쿠, 마르코 발렌테, 카렌 버버그, 파블로 빌로치, 피에르 부아랭, 에이드리언 와그너, 콜린 워커, 파스칼 와티오, 더그 와인필드, 빅토리아 와일딩, 수 위튼둠, 하이디 드 울프, 케리 우드콕, 테레사 우드랜드, 버트램 지첼, 로사 주비자레타 등이다.

개정판에서는 다음 분들이 도와주셨다. 윌리엄 알, 자페르 아치, 비비안 아쿠아, 위삼 아디브, 우르코 아이아르차, 쿨루드 알 아티야트, 압둘아지즈 알 자지리, 칼리파 알 카마, 마리아 아나, 바네사 드 올리베이라 안드레오티, 이본 안테로, 아시에르 아란바리, 마리아 호세 아랑구렌, 미렌 라레아 아랑구렌, 이오네 아르다이즈, 이오수 아르다이즈, 빌 애쉬턴, 그루야 바데스쿠, 테리 발저, 아반티 밤만할리, 앤드류 벨, 제레미 벤담, 제니퍼 가비 버거, A. 블레이크, 마르코 블랭켄버그, 린다 블랜셰이, 앨런 보에삭, 그레이엄 보이드, 셀레스테 브리토, 팀 브로드헤드, 클레어 부레, 호즈만 카마초, 마누엘 호세 카르바할, 안토니오 카사도, 베르나데트 카스티요, 제본 찬드라, 크리스 채프먼, 사이먼 쇼베트, 찰스 클레르몽, 크리스틴 코블, 마틸드 코헨, 케빈 드 브루인, 데니스 데밍, 테사 드로이, 멘치 디오크노, 카트리나 도널드, 커스틴 던롭, 매튜 듀트리, 엘리자베스 아이젠하우어, 모하메드 압둘라 엘쿠와이즈, 칼 에네로스, 올라츠 에라즈킨, 고르카 에스피아우, 안데르 에체베리아-오타두이, 야후이 팡, 장 파레스, 메이라 데 파티마 페레이라, 베티수 플로어스, 그윈 포스터, 케이틀린 프로스트, 나이아라 고이아, 아르네 길레르트, 제임스 기미안, 앨리슨 골드, 카렌 골드버그, 아리엘 굿맨, 피루즈 하비비, 로잔 해거티, 할 해밀턴, 자이드 하산, 피에르 아잔, 브루스 앨런 헥트, 데이비드 하이네만, 제시 헬머, 유제니아 헹, 카이 홀랜드, 카이 센 홍, 콜 후버, 에밀리 허다트, 엘리자베스 헌트, 이니고 이누라테기, 안토니오 이투라, 마이클 제임스, 세드릭 자메, 로즈 카타칼, 요나스 오스테 클레브하그, 리즈 코블릭, 파스칼 크루이시픽스, 트래비스 쿱, 숀 라플뢰르, 조앤 라우터융, 톰 렌트, 랄프 리폴트, 앤 록하트, 제스 롱, 제시카 롱, 마리아 로렌테-페레스, 마크 로티그, 엘리자베스 말로바, 수자나 마뉴에코, 마누엘 망가, 아이아노혼 카일리아 마르키스, 줄리아 마르티

네즈, 루드비히 마이, 애비게일 맥두걸, 훌렌 멘도사, 아
그네스 메네세스, 다이앤 메시노, 카트리나 미첼, 린 몬
테이, 알폰소 몬투오리, 이치아르 모레노, 주자나 나브
라틸, 패트릭 노악, 시부트 누트-에봄, 제스 오그던, 그
레그 오한네시안, 에임어 오닐, 아들 옹, 표도르 오브친
니코프, 바베시 파텔, 리사 피터스, 이사벨라 피롤로, 미
카엘 포이루, 에바 포메로이, 존 포파라드, 이도이아 포
스티고, 카탈리나 푸스카수, 줄리오 콰지오토, 탐진 랙
틀리프, 루크사나 라자브, 카루나 라마나탄, 이니고 레
톨라자, 랜들 로저스, 낸시 로젠펠드, 스테이시 로우, 폴
사포, 피에트 슈마이트스, 클로드 슈라이어, 알브레히
트 쇠어호프, 라이언 샹크스, 에트리트 슈크렐리, 율리
야 슐탈토브나, 리즈 스켈턴, 사라 스키너, 나탈리 슬라
빈스키, 데이비드 스노든, 데니사 슈타이퍼, 아누시 테
르자니안, 카트린 토마스키, 크리스 톰슨, 애덤 투즈, 아
네 미렌 발렌시아노, 마르코 발렌테, 안나 포그트, 피에
르 부아랭, 댄 워커, 와비냐, 로버트 웹, 브랜든 위어스,
제니퍼 울로위크, 헤더 워로즈, 케이티 와이카, 파울리
우스 야민, 제레미 유일, 풀라네 자케, 세바스찬 주루투
자이다.

레오스파트너스의 동료들은 따뜻한 지원과 피드백을
해 주었다. 아카니모 아크판, 스티브 앳킨슨, 브레나 앳
니코프, 옴니야 엘 바그다디, 밀레 보예르, 콜린 카시미
라, 야니스 크리소스토미디스, 로베르토 데 라 페냐, 레
베카 프리스, 리 가스너, 카렌 골드버그, 폴 하켄밀러, 테
자스위니 준준왈라, 레이첼 존스, 샘 마바소, 콜린 매그
너, 음피나네 말라티지, 놈불레로 마냐나, 헤라르도 마
르케스, 조 맥캐런, 엘리 무아와드, 방가니 넨겔레자, 라
베나 누아이미-바커, 미셸 파를레블리엣, 엘리자베스
피닝턴, 모니카 폴만, 이안 프린슬루, 크리스텔 숄텐,
마흐무드 손데이, 존 월튼, 데이비드 윈터에게 감사드
린다.

아란차줄랩(나이아라 고이아와 동료들이 세심하게 기
획한), 두바이 미래 재단(패트릭 노악), 파리 고등 연구소
(파울리우스 야민)가 아낌없이 제공해 준 작가 상주 기간
동안, 나는 개정판의 기초를 다시 다듬을 수 있는 소중
한 기회를 가질 수 있었다.

이 책에 담긴 아이디어들은 제프 바넘, 밀레 보예르,
수밋 참프라싯, 베티 수 플라워스, 레베카 프리스, 미셸
겔로버터, 짐 기미안, 자이드 하산, 오다 리이치로, 배리

오쉬리, 줄리언 손 등 오랜 친구들과 나눈 대화 속에서 풍부해졌다.

이 책에 담긴 아이디어들을 보다 폭넓게 표현하는 과정은 큰 즐거움이었다. 시오반 윌킨슨의 삽화와 이안 프린슬루가 제작한 실용적인 자료를 사용할 수 있음을 기쁘게 생각한다.

베렛-코엘러 출판사의 전문가들과 함께 일할 수 있어 기뻤다. 마이클 크롤리, 수잔 게라티, 카렌 힐 그린, 애슐리 잉그램, 미셸 존스, 린다 주피터, 크리스티 커크, 캐시 말론, 루엘린 폴란코, 엘리사 라벨리노, 제시카 시디키, 지반 시바수브라마니암, 에드워드 웨이드, 라셀 휘플, 그리고 특히 스티브 피어산티에게 감사드린다.

도움을 주셨지만 미처 감사의 뜻을 전하지 못한 분들께 사과드린다. 이 책에 잘못된 점이 있다면 전적으로 나의 책임이다.

그리고 내가 가장 크게 빚진 사람, 모든 것을 베풀어 준 사람은 바로 도로시다.

서론

1 다음을 참조하라. Barry Oshry, *Encounters with the Other: How We Continue to Misunderstand, Dehumanize, Scorn, Humiliate, Oppress—and Even Kill Other Humans. And How We Can Stop* (Axminster, UK: Triarchy Press, 2024); and john powell and Stephen Menendian, *Belonging without Othering: How We Save Ourselves and the World* (Palo Alto, CA: Stanford University Press, 2024).

2 다음을 참조하라. Anton Blok, "The Narcissism of Minor Differences," *European Journal of Social Theory 1*, no. 1 (1998): 33–56, https://doi.org/10.1177/136843198001001004.

3 Jess Bidgood, "Why Scapegoating Works for Trump," *New York Times*, February 3, 2025, https://www.nytimes.com/2025/02/03/us/politics/trump-blame-politics.html.

4 Quoted in Walter Winchell, "Walter Winchell on Broadway," *Laredo Times*, November 9, 1949.

5 로널드 하이페츠의 프레임워크에서는 이러한 상황을 '기술적 도전'이라고 부른다. Ronald A. Heifetz, Marty Linsky, and Alexander Grashow, *The Practice of Adaptive Leadership: Tools and Tactics for Changing Your Organization and the World* (Cambridge, MA: Harvard Business Press, 2009). 존 알포드의 프레임워크에서는 이 상황을 '덜 난해한 문제'라고 지칭한다. John Alford and Brian Head, "Wicked and Less Wicked Problems: A Typology and a Contingency Framework," *Policy and Society 36*, no. 3 (2017): 397–413, https://doi.org/10.1080/14494035.2017.1361634. 데이비드 스노든의 프레임워크에서는 이 맥락을 '명확한(clear)' 또는 '복잡한(complicated)' 문제로 지칭한다. David Snowden 외, *Cynefin: Weaving Sense-Making into the Fabric of Our World* (Colwyn Bay, UK: Cognitive Edge, 2020); 그리고 Chris Corrigan, "A Tour around the Latest Cynefin Iteration," *Parking Lot* (blog), March 23,

2020, https://www.chriscorrigan.com/parkinglot/a-tour-around-the-latest-cynefin-iteration/.

6 하이페츠의 프레임워크에서 이러한 상황은 적응적 도전으로, 알포드의 프레임워크에서는 매우 난해한 문제로, 스노든의 프레임워크에서는 복잡하거나 혼란스러운 것으로 제시된다.

7 이러한 '적응적 움직임'에 대해서는 Edgar Schein, *Humble Consulting: How to Provide Real Help Faster* (Oakland, CA: Berrett-Koehler, 2016), xiv, 171.을 참조하라.

2장

1 Adam Kahane, "How on Earth Can We Work Together? Five Propositions about Collaborating across Differences," in *Proceedings of the Paris Institute for Advanced Study 21*, https://doi.org/10.5281/zenodo.14729751.

2 Cité internationale universitaire de Paris, https://www.ciup.fr/en/.

3 Three Lions, "Nazi Collaborators," Getty Images, https://www.gettyimages.com/detail/news-photo/two-women-partially-stripped-their-heads-shaved-and-with-news-photo/3292733.

4 Lars Vinx, "Carl Schmitt," in *The Stanford Encyclopedia of Philosophy* (Spring 2025 ed.), ed. Edward N. Zalta and Uri Nodelman, https://plato.stanford.edu/archives/spr2025/entries/schmitt/.

5 Wendy Pullan and Britt Baillie, "Introduction," in *Locating Urban Conflicts: Ethnicity, Nationalism and the Everyday*, ed. Wendy Pullan and Britt Baillie (New York: Palgrave Macmillan, 2013), 3.

3장

1 Adam Kahane, "Radical Collaboration to Transform Social Systems: Moving Forward Together with Love, Power, and Justice," *Journal of Awareness-Based Systems* Change 3, no. 2 (2023): 23–40, https://doi.org/10.47061/jasc.v3i2.6709.

2 Elena Díez Pinto, "Building Bridges of Trust: Visión Guatemala, 1998–2000," in *Learning Histories: Democratic Dialogue Regional Project,ed. Katrin Käufer* (New York: United Nations Development Programme Regional Bureau for Latin America and the Caribbean, 2004).

3 Paul Tillich, *Power, Love, and Justice* (Oxford: Oxford University Press, 1954), 25.

4 Leonard Cohen, "Different Sides," *The Walrus*, March 12, 2012, https://thewalrus.ca/different-sides/.

5 Tillich, 36.

6 Steven Lukes, *Power: A Radical View*, 2nd ed. (New York: PalgraveMacmillan, 2005), 12.

7 Martin Luther King Jr., "Where Do We Go from Here?" in *The Essential Martin Luther King, Jr.*, ed. Clayborne Carson (Boston: Beacon Press, 2013), 220–21.

8 Roger Fisher, William L. Ury, and Bruce Patton, *Getting to Yes: Negotiating Agreement without Giving In* (London: Penguin Books, 2011).

9 Tillich, 56, 71.

10 King, 221.

4장

1 Ronald A. Heifetz, Marty Linsky, and Alexander Grashow, *The Practice of Adaptive Leadership: Tools and Tactics for Changing Your Organization and the World* (Cambridge, MA: Harvard Business Press, 2009); David Snowden 외, *Cynefin: Weaving Sense-Making into the Fabric of Our World* (Colwyn Bay, UK: Cognitive Edge, 2020).

5장

1 다음을 참조하라. Adam Kahane, *Transformative Scenario Planning: Working Together to Change the Future* (Oakland, CA: Berrett-Koehler, 2012).

2 Juan Manuel Santos, "Siempre en búsqueda de la paz" ("Always Searching for Peace"), press release, October 7, 2016, https://es.presidencia.gov.co.

3 Horst W. J. Rittel and Melvin M. Webber, "Dilemmas in a General Theory of Planning," *Policy Sciences* 4 (1973): 155.

4 Graham Leicester and Maureen O'Hara, *Ten Things to Do in a Conceptual Emergency* (Fife, Scotland: International Futures Forum, 2003), 5.

5 The Inclusion School, https://theinclusionschool.com/, accessed March 10, 2025.

6장

1   Jonathan and Jamaica Osorio, "Two Perspectives on Political Narrative in
    One Activist Family," *Hūlili: Multidisciplinary Research on Hawaiian Well-Being*
    10 (2016): 200.

2   "Spotlight Now," *Hawaii News Now*, February 27, 2024, https://
    www.youtube.com/watch?v=mb-h2Me-9As.

3   David Suzuki, "Imagining a Sustainable Future: Foresight over
    Hindsight,"Jack Beale Lecture on the Global Environment, University of
    New South Wales, September 21, 2013.

4   Adam Kahane, "Radical Collaboration to Transform Social Systems:Moving
    Forward Together with Love, Power, and Justice," *Journal of Awareness-
    Based Systems Change 3*, no. 2 (2023): 23–40, https://doi.org/10.47061/
    jasc.v3i2.6709.

5   Robert Caro, *Master of the Senate: The Years of Lyndon Johnson*, reprint ed. (New
    York: Vintage, 2003), 834.

6   Arthur Koestler, *The Ghost in the Machine* (London: Hutchinson & Co., 1967).

7   The School of Life, *A Therapeutic Library: 100 Essential Books That Teach
    Fulfilment, Calm and Well-Being* (London: The School of Life, 2024), 75.

8   James Hillman, *Kinds of Power: A Guide to Its Intelligent Uses* (New York:
    Doubleday, 1995), 108.

9   Michael Fulwiler, "Managing Conflict: Solvable vs. Perpetual Problems," July
    2, 2012, https://www.gottman.com/blog/managing-conflict-solvable-vs-
    perpetual-problems/.

7장

1   Gorka Espiau and Itziar Moreno, "Basque Civics," in *Sacred Civics:
    Building Seven Generation Cities*, ed. Jayne Engle, Julian Agyeman, and
    Tanya Chung-Tiam-Fook (London: Routledge, 2022), 205, https://doi.o
    rg/10.4324/9781003199816-20.

2   다음을 참조하라. Xavier Barandiarán, María José Canel, and Geert
    Bouckaert, eds., *Building Collaborative Governance in Times of Uncertainty:
    Pracademic Lessons from the Basque Gipuzkoa Province* (Leuven, Belgium: Leuven
    University Press, 2023).

3 Arantzazulab, https://arantzazulab.eus/en/our-work/, accessed June 14, 2025.

4 Fang-Jui Chang, *Democratic Innovations: Key Learnings and Examples of How Design and Technology Shape Governance*, accessed May 8, 2025, https://arantzazulab.eus/en/democratic-innovations-key-learnings-ands-examples-of-how-design-and-technology-shape-governance/.

5 Peter Senge 외, *The Dance of Change: The Challenges to Sustaining Momentum in a Learning Organization* (New York: Crown Business, 1999).

6 이 근본적인 지적은 콜롬비아 평화운동가 프란시스코 데 루스가 해주었으며, 나의 책 *Facilitating Breakthrough: How to Remove Obstacles, Bridge Differences, and Move Forward Together* (Oakland, CA: Berrett-Koehler, 2021)에 영감을 주었다.

7 Adam Kahane, *Everyday Habits for Transforming Systems: The Catalytic Power of Radical Engagement* (Oakland, CA: BerrettKoehler, 2025), 83–98.

8 David Fishman, *Crossing the River by Feeling the Stones* (blog), https://crossingtheriver.substack.com/about.

9 Karl E. Weick, *Making Sense of the Organization* (Oxford: Blackwell, 2001), 345–46.

10 Henry Mintzberg 그리고 James A. Waters, "Of Strategies, Deliberate and Emergent," *Strategic Management Journal 6*, no. 3 (1985): 257.

11 Henri-Georges Clouzot 연출, *The Mystery of Picasso* (Paris: Filmsonor, 1956), film.

12 John Keats, *The Complete Poetical Works and Letters of John Keats* (Boston: Houghton, Mifflin, 1899), 277.

8장

1 다음을 참조하라. Zaid Hassan, *The Social Labs Revolution: A New Approach to Solving Our Most Complex Challenges* (Oakland, CA: Berrett-Koehler, 2014); 그리고 "The Future of Labs Final Report: 2024 Gathering Report & Recommendations for the Future of the Next 10 Years of Labs," Action Labs, https://www.actionlab.ca/future-of-labs-gathering.

2 다음을 참조하라. *The Bhavishya Alliance: Legacy and Learning from an Indian Multi-sector Partnership to Reduce Child Undernutrition*, project report, April

2012, http://syngs.info/files/bhavishya-alliance-legacy-and-learning.pdf, accessed June 14, 2025; Adam Kahane, *Power and Love: A Theory and Practice of Social Change* (Oakland, CA: BerrettKoehler,2010); and Hassan, *Social Labs Revolution.*

3 Martin Buber, *The Way of Man: According to the Teaching of Hasidism* (Wallingford, PA: Pendle Hill, 1960), 21.

4 Jerome K. Jerome, *Three Men in a Boat* (London: Penguin, 2008), 49.

5 다음을 참조하라. Augusto Boal, *Theatre of the Oppressed* (New York: Theatre Communications Group, 1993); 그리고 David Diamond, *Theatre for Living: The Art and Science of Community-Based Dialogue* (Bloomington, IN: Trafford, 2008).

6 Eknath Easwaran 옮김, *The Bhagavad Gita* (Tomales, CA: Nilgiri Press, 1998), 2:47.

협력의 역설
세상을 바꾸는 분열의 힘

초판 1쇄 2020년 6월 10일 발행
개정판 1쇄 2026년 4월 10일 발행

지은이 애덤 카헤인
옮긴이 박덕수
펴낸이 김현종
기획총괄 배소라 **출판본부장** 안형태
책임편집 장진경 **편집** 최세정 진용주 김남혁 황정원 김수진
디자인 조주희 김연주 **마케팅** 김예리 신잉걸
방송사업·미래전략본부 정태준 문상철 이주리 백범선 남궁주철 김대준

펴낸곳 (주)메디치미디어
출판등록 2008년 8월 20일 제300-2008-76호
주소 서울특별시 중구 중림로7길 4
전화 02-735-3308 **팩스** 02-735-3309
이메일 medici@medicimedia.co.kr **홈페이지** medicimedia.co.kr
페이스북 medicimedia **인스타그램** medicimedia
유튜브 medici_media

ISBN 979-11-5706-550-9 (03300)